Filthy Minds!

Dirty Word Search
Book for Adults

Snarky Insults

Puzzle #1

E	P	A	L	C	D	L	K	H	X	S	P	O	Q	C
S	O	D	C	Z	S	U	L	Y	B	C	V	H	T	O
B	N	R	D	N	J	V	M	Y	O	U	A	H	D	C
E	M	A	Z	Y	W	O	E	B	K	M	D	R	I	K
B	C	U	N	T	H	O	L	E	F	S	O	F	C	K
E	O	A	E	J	V	B	G	L	E	U	U	Q	K	N
T	E	O	B	A	Q	H	R	O	X	C	C	Q	W	O
H	H	Q	T	A	T	A	V	G	R	K	H	K	E	C
I	D	F	B	L	R	S	V	P	H	E	E	Y	A	K
J	J	A	Z	M	I	F	H	U	I	R	B	C	S	E
U	H	R	G	K	N	C	B	I	B	Z	A	H	E	R
U	D	I	W	K	Z	O	K	A	T	I	G	D	L	F
Z	J	C	V	H	I	O	Q	E	G	N	E	K	T	Z
D	I	L	L	W	E	E	D	J	R	M	L	I	L	L
S	E	T	A	S	S	C	L	O	W	N	O	Y	N	O

ASS CLOWN
BOOT LICKER
CUNT HOLE
DILLWEED
DUMB FUCK
SCUM SUCKER

BARF BAG
COCK KNOCKER
DICK WEASEL
DOUCHE BAGEL
EAT SHIT

Snarky Insults

Puzzle #2

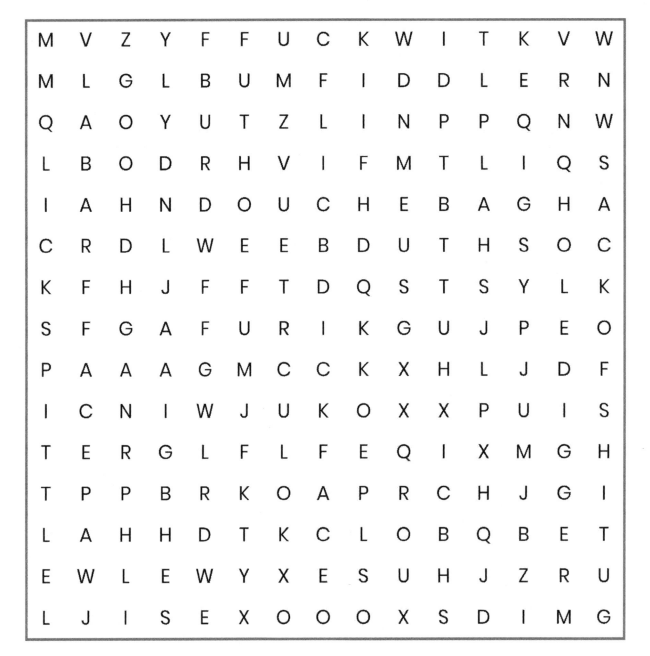

M	V	Z	Y	F	F	U	C	K	W	I	T	K	V	W
M	L	G	L	B	U	M	F	I	D	D	L	E	R	N
Q	A	O	Y	U	T	Z	L	I	N	P	P	Q	N	W
L	B	O	D	R	H	V	I	F	M	T	L	I	Q	S
I	A	H	N	D	O	U	C	H	E	B	A	G	H	A
C	R	D	L	W	E	E	B	D	U	T	H	S	O	C
K	F	H	J	F	F	T	D	Q	S	T	S	Y	L	K
S	F	G	A	F	U	R	I	K	G	U	J	P	E	O
P	A	A	A	G	M	C	C	K	X	H	L	J	D	F
I	C	N	I	W	J	U	K	O	X	X	P	U	I	S
T	E	R	G	L	F	L	F	E	Q	I	X	M	G	H
T	P	P	B	R	K	O	A	P	R	C	H	J	G	I
L	A	H	H	D	T	K	C	L	O	B	Q	B	E	T
E	W	L	E	W	Y	X	E	S	U	H	J	Z	R	U
L	J	I	S	E	X	O	O	O	X	S	D	I	M	G

BARF FACE

BUMFIDDLER

DICKFACE

DOUCHEBAG

FUCK STAIN

FUCKER

FUCKWIT

HOLE DIGGER

LICKSPITTLE

PRIG

SACK OF SHIT

YUTZ

Snarky Insults

Puzzle #3

```
W  C  H  J  V  M  C  X  K  I  R  L  I  X  X
A  O  C  X  Y  N  U  W  C  K  V  P  L  G  S
V  C  E  B  D  D  N  P  F  T  L  O  C  P  N
I  K  R  I  U  I  T  H  U  D  J  P  E  A  R
T  S  Z  E  J  C  A  A  C  B  H  C  C  F  I
C  U  I  B  J  K  S  S  K  K  I  O  H  M  A
R  C  L  E  O  H  A  S  T  L  W  R  I  O  B
A  K  D  R  X  E  U  H  A  J  H  N  L  H  M
C  I  Z  I  B  A  R  A  R  Z  C  H  L  Q  U
K  N  G  O  N  D  U  T  T  Q  Q  O  B  B  U
A  G  D  X  O  G  S  Z  E  H  F  E  I  L  D
S  P  T  D  U  M  B  F  U  C  K  B  L  M  G
S  I  U  O  C  V  D  A  A  W  B  F  L  N  R
P  G  F  C  M  A  Z  N  T  L  T  Q  Y  N  A
V  B  O  T  T  O  M  F  E  E  D  E  R  D  C
```

ASS HAT	BIEBER
BOTTOM FEEDER	CHILL BILLY
COCKSUCKING PIG	CRACK ASS
CUNTASAURUS	DICKHEAD
DINGBAT	DUMB FUCK
FUCKTART	POPCORN HOE

Snarky Insults

Puzzle #4

```
H C V B V X S B B M D B P L I
P Z O Y H A S I C K F U C K I I
I F U G G L Y E L S I T R U Z
C P M C I P X X E M Z G X J O
K W F H D Y N J A K G U C S K
L G U O I D O E T C B G Z D L
E B C D O P E R S B Z D J P V
F B K E T T V K C S T W D S N
U U I M K B Y O U H F D A Y E
C F N U V I Z F M S V O N L D
K F G F A R V F T A B W O F F
E O C F H T T D B M W H F X C
R O O I S G F Y I S S K S V Z
I N W N N V E B S S J W Z Y A
N C D A Y B N A A X C H T V U
```

ASS	ASSHOLE
BIMBO	BUFFOON
CHODE MUFFIN	EAT SCUM
FUCKING COW	FUGGLY
IDIOT	JERK OFF
PICKLE FUCKER	SICK FUCK

Snarky Insults

Puzzle #5

```
P  B  Z  O  P  I  S  L  W  L  D  C  D  G  K
U  T  U  N  G  T  R  A  M  P  I  E  A  F  S
S  F  U  C  K  I  N  G  D  I  L  D  O  A  N
S  O  W  V  V  U  G  I  K  N  Q  N  C  R  O
Y  M  B  M  T  A  Z  M  K  Y  I  H  I  T  L
H  K  W  D  B  U  F  C  A  F  H  U  F  K  L
O  U  F  R  R  W  U  U  F  H  G  N  P  N  Y
L  B  I  S  U  F  V  U  C  X  O  Y  Z  O  G
E  A  V  A  S  V  M  V  F  K  D  L  H  C  O
H  M  G  S  D  T  I  B  C  U  T  A  E  K  S
T  F  A  F  N  F  C  V  Q  T  C  A  I  E  T
Y  S  C  U  L  Q  U  K  D  Q  N  K  R  R  E
E  A  C  Y  A  B  Z  R  U  F  Y  D  B  D  R
H  O  S  K  E  A  T  D  I  R  T  Z  G  A  L
C  E  H  N  X  X  S  E  Z  T  O  W  X  F  G
```

AHOLE	ASS FUCK
CUNT MUFFIN	EAT DIRT
FARTKNOCKER	FUCK BAG
FUCKING DILDO	FUCKTARD
HAIR BAG	PUSSY HOLE
SNOLLYGOSTER	TRAMP

Snarky Insults

Puzzle #6

```
X  C  D  O  U  C  H  E  N  O  Z  Z  L  E  I
C  U  N  T  L  I  C  K  E  R  T  S  F  K  G
E  F  U  C  K  I  N  G  P  E  R  V  C  O  K
P  L  T  P  P  F  E  I  B  Z  X  I  N  A  K
D  A  U  W  K  R  D  J  W  S  D  Y  F  G  N
S  O  C  V  I  N  I  C  K  L  B  S  W  P  D
D  M  U  K  E  T  U  S  I  S  G  Z  U  Y  L
F  K  K  C  O  W  T  C  S  K  C  L  X  U  O
U  F  S  M  H  F  N  L  K  Q  M  H  C  R  Z
D  I  L  K  N  E  S  M  E  L  T  V  L  M  R
W  Z  Q  E  P  V  B  H  B  F  E  I  Q  U  N
G  K  R  H  K  D  F  A  I  E  U  N  R  J  B
O  D  H  B  T  R  A  Y  G  T  D  C  U  N  D
D  O  U  C  H  E  B  A  G  H  P  N  K  T  O
M  Q  A  C  H  I  C  K  E  N  S  H  I  T  S
```

CHICKEN SHIT   CUNT LICKER
DOUCHE NOZZLE   DOUCHEBAG
FUCKING PERV   KNUCKLE NUTS
PACK OF SHIT   PENCIL DICK
PRISS   SCHLUB
TWITTLE FUCK

Snarky Insults

Puzzle #7

```
N  F  A  T  B  A  S  T  A  R  D  P  Y  O  N
N  C  K  D  I  C  K  L  E  S  S  H  V  C  I
F  Y  T  C  U  N  T  G  R  A  B  B  E  R  N
B  D  F  X  I  Q  F  H  K  A  Z  Q  H  A  N
F  I  K  L  X  S  T  A  M  T  Q  I  M  N  Y
U  P  L  S  Z  V  V  O  T  Y  P  N  C  K  H
C  S  J  A  C  K  A  S  S  P  D  Q  T  W  A
K  H  Z  B  K  N  R  T  Y  Z  I  K  R  H  M
I  I  D  B  A  Z  L  O  Q  R  D  G  F  O  M
N  T  O  X  Q  G  X  X  L  P  S  W  P  R  E
G  H  Z  Y  T  Y  H  H  Z  D  T  S  G  E  R
W  Y  I  E  I  T  D  O  Z  Z  I  H  J  O  D
A  S  C  S  P  L  D  O  P  E  W  H  O  R  E
N  Z  W  U  T  M  S  U  K  P  I  Y  A  U  V
K  N  D  O  U  C  H  E  N  O  G  G  I  N  D
```

BAG HO	CRANK WHORE
CUNT GRABBER	DICKLESS
DIP SHIT	DOPE WHORE
DOUCHE NOGGIN	FAT BASTARD
FAT PIG	FUCKING WANK
JACKASS	NINNYHAMMER

Kickass Combacks

Puzzle #8

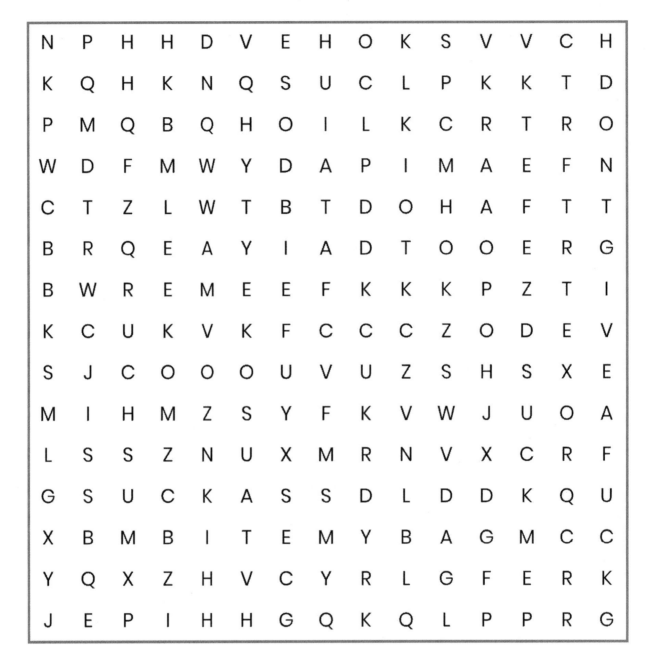

BITE MY BAG		BUZZ OFF
DONT GIVE A FUCK		EAT DICK
FUCK OFF		LICK MY BALLS
SCREW YOU		SHOVE IT
SMOKE A DICK		SUCK ASS
SUCK ME		SUCK THAT

Kickass Combacks

Puzzle #9

```
Q  B  O  H  L  I  C  K  M  Y  F  R  O  T  H
G  Q  G  S  P  F  D  T  M  L  G  P  N  V  G
O  S  B  Y  L  N  L  F  L  H  Y  T  S  K  B
E  P  L  X  Q  K  E  E  J  F  N  F  C  V  I
A  B  D  J  W  S  H  O  F  E  A  U  P  G  F
T  U  P  B  R  O  X  O  B  M  D  U  V  E  A
Y  L  T  Z  T  I  W  T  M  A  T  R  U  T  L
O  L  F  O  F  E  E  A  K  I  S  Q  L  S  L
U  S  G  I  R  G  M  C  K  U  O  O  X  T  J
R  H  N  C  O  O  U  C  W  R  F  X  B  U  J
S  I  S  R  Y  F  U  A  M  Y  I  G  W  F  X
E  T  V  E  O  S  J  Y  V  F  S  Y  F  F  S
L  F  S  G  H  T  A  K  E  A  H  I  K  E  A
F  K  H  V  A  W  J  V  H  P  A  B  C  D  M
M  E  A  T  H  A  I  R  P  I  E  P  Z  O  W
```

BULLSHIT	EAT HAIR PIE
GET BENT	GET STUFFED
GO EAT YOURSELF	GO FUCK A DUCK
GO TO HELL	LICK MY FROTH
SCREW OFF	SUCK IT UP
TAKE A HIKE	YO MAMMA

Jilling Off

Puzzle #10

```
Z  D  B  U  E  F  L  W  C  B  K  M  S  B  G
L  A  E  E  G  D  X  A  U  N  R  D  P  U  A
Z  M  F  R  A  E  I  R  R  O  G  E  E  F  W
D  G  U  I  K  T  E  Y  R  K  L  G  L  F  T
C  M  U  X  N  L  T  A  T  D  J  P  U  T  N
A  L  Z  S  T  G  U  H  O  I  L  C  N  H  I
O  T  I  S  S  E  E  O  E  O  M  J  K  E  B
M  T  I  T  N  E  P  R  H  B  M  E  I  W  V
D  R  W  H  W  E  T  L  B  K  E  V  N  E  G
G  B  G  V  H  A  C  T  Y  A  C  A  G  A  F
Y  M  P  T  Q  H  C  D  Y  G  T  P  V  S  F
H  Y  T  D  N  C  P  K  Q  P  Y  I  Q  E  E
X  E  K  T  I  X  C  R  E  P  I  K  N  L  R
P  A  N  X  N  G  K  T  I  R  Y  N  I  G  U
U  B  I  E  Y  Z  F  T  Y  Z  D  I  G  R  Y
```

BEAT THE BEAVER BUFF THE WEASEL
CLIT WACKER DIY TIME
FINGER BATING GRISTLE RUB
GUSSET TYPING PET THE POODLE
SPELUNKING

Jilling Off

Puzzle #11

```
T  J  G  N  V  Q  D  O  D  K  U  I  D  R  D
W  I  C  N  O  W  D  T  N  Y  G  R  U  Q  O
O  L  O  X  P  L  M  T  U  N  E  F  G  D  T
F  L  K  I  I  L  R  N  I  K  E  N  V  A  F
I  I  E  D  W  E  M  M  O  H  I  A  C  F  D
N  N  E  H  P  O  M  P  T  L  R  E  U  H  N
G  G  P  B  D  U  Y  G  D  T  H  M  Q  E  T
E  O  B  P  R  A  N  D  T  T  E  P  H  X  H
R  F  W  T  L  I  U  I  G  H  J  J  Z  F  G
T  F  S  P  N  C  L  N  T  A  F  S  B  T  B
A  I  C  N  T  K  I  F  O  V  Y  A  S  Z  X
N  G  A  N  F  T  F  J  M  M  L  A  A  A  A
G  F  U  Y  T  U  Q  P  Q  T  L  F  C  W  D
O  C  B  E  L  T  O  B  D  G  G  S  A  G  M
P  Y  P  F  O  S  H  H  I  Z  T  U  T  K  Y
```

CUNT CUDDLING   DILDO
FANNING THE FUR   FLUFF THE MUFF
JILLING OFF   KLITTRA
PETTING THE CAT   PLAY POKER
STRUMMING   TWO FINGER TANGO

Jilling Off

Puzzle #12

```
H F I N G E R P A I N T I N G
I L N A R Z E J A F G E X F M
P B L C E U X V I B R A T O R
H B K O I V B B E V C B J F Y
Y W E M C L O O R T N T U L A
K U W S K T M W N O Z S Q I W
D H M C L A P T H E C L I T Y
Z K H E V A T L X Q O Q U T T
L V Z N R S K G T B V U X H Y
P J E I Y V M H B U X D T E N
M Z F B N C R P Y F V S E C M
S C R A T C H N S N I F F L S
P E A R L F I S H I N G K I N
P E T T I N G T H E K I T T Y
T S H A K E A N D S T E A K U
```

CLAP THE CLIT
FLIT THE CLIT
PETTING THE KITTY
SCRATCH N SNIFF
VIBRATOR

FINGER PAINTING
PEARL FISHING
RUB ONE OUT
SHAKE AND STEAK

Spanking the Monkey

Puzzle #13

```
Q  B  G  F  A  E  K  L  S  J  W  I  Z  Z  D
O  L  J  H  Q  T  P  P  X  D  V  I  Q  K  T
M  P  B  N  A  K  S  C  L  T  X  H  Z  F  L
L  N  X  G  L  N  I  T  K  M  T  K  F  A  I
P  N  W  C  X  D  D  Z  R  O  U  O  Q  E  Y
F  I  A  Y  O  S  K  J  M  O  K  A  O  L  N
R  S  N  O  O  D  L  E  I  C  K  W  K  Y  P
A  L  K  L  W  T  K  R  A  V  K  E  L  B  G
P  D  O  Z  M  H  Z  J  B  Q  E  B  O  U  Q
B  X  F  M  F  B  O  M  G  T  W  L  T  F  E
R  G  F  X  O  K  J  W  L  L  Q  E  N  X  F
G  H  A  N  D  P  A  R  T  Y  V  V  T  Z  B
Z  S  N  W  Y  R  A  L  E  O  Z  H  Q  A  N
L  H  W  D  E  M  D  F  L  B  E  H  F  F  H
G  D  I  C  K  B  E  A  T  E  R  O  U  P  D
```

DICK BEATER	FRAP
HAND JIVE	HAND PARTY
JACK OFF	JWIZZ
LOVE TUG	SNOODLE
STROKE OFF	WANK OFF

Spanking the Monkey

Puzzle #14

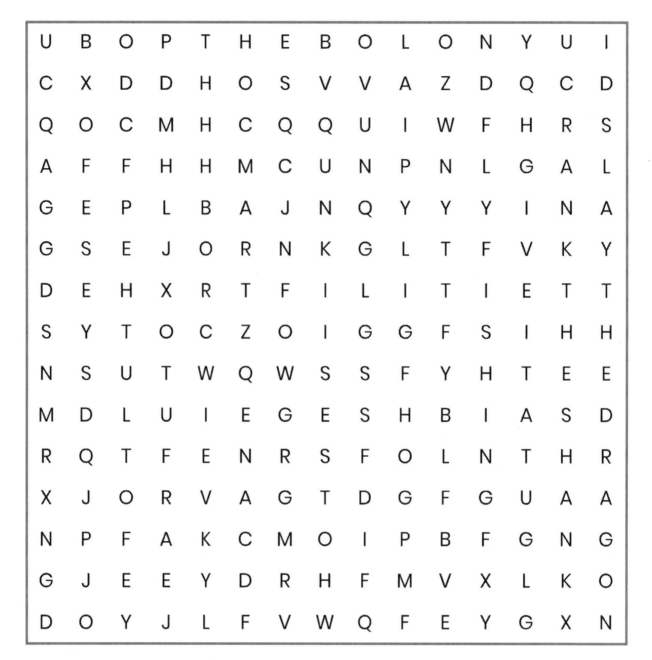

U	B	O	P	T	H	E	B	O	L	O	N	Y	U	I
C	X	D	D	H	O	S	V	V	A	Z	D	Q	C	D
Q	O	C	M	H	C	Q	Q	U	I	W	F	H	R	S
A	F	F	H	H	M	C	U	N	P	N	L	G	A	L
G	E	P	L	B	A	J	N	Q	Y	Y	Y	I	N	A
G	S	E	J	O	R	N	K	G	L	T	F	V	K	Y
D	E	H	X	R	T	F	I	L	I	T	I	E	T	T
S	Y	T	O	C	Z	O	I	G	G	F	S	I	H	H
N	S	U	T	W	Q	W	S	S	F	Y	H	T	E	E
M	D	L	U	I	E	G	E	S	H	B	I	A	S	D
R	Q	T	F	E	N	R	S	F	O	L	N	T	H	R
X	J	O	R	V	A	G	T	D	G	F	G	U	A	A
N	P	F	A	K	C	M	O	I	P	B	F	G	N	G
G	J	E	E	Y	D	R	H	F	M	V	X	L	K	O
D	O	Y	J	L	F	V	W	Q	F	E	Y	G	X	N

BOP THE BOLONY
FLY FISHING
GETTING OFF
JORN
SLAY THE DRAGON

CRANK THE SHANK
FREE WILLY
GIVE IT A TUG
SHOWER TIME
TOSS OFF

Spanking the Monkey

Puzzle #15

```
T  H  V  O  R  C  H  O  K  E  K  O  J  A  K
D  V  I  B  K  W  J  P  O  G  R  D  P  S  B
P  Q  C  X  D  X  P  G  F  P  U  F  I  S  U
P  U  Q  L  D  Y  Y  H  G  J  B  R  C  T  F
B  C  M  T  Z  E  L  S  P  D  T  J  K  A  F
C  H  S  P  O  U  G  Z  V  X  H  I  I  F  T
V  H  W  J  I  D  U  B  P  D  E  B  N  F  H
Z  L  E  A  W  N  S  Z  G  P  N  B  G  M  E
O  J  X  E  N  V  G  U  X  H  U  E  A  E  B
U  N  E  L  S  G  P  T  O  T  B  R  P  E  A
E  I  S  U  Q  E  B  K  H  U  V  J  P  T  N
V  S  C  E  X  G  O  A  C  E  Y  A  L  I  A
A  V  P  D  A  S  C  F  N  G  K  B  E  N  N
O  C  M  M  N  U  M  V  F  G  K  E  S  G  A
I  B  S  T  R  O  K  I  N  G  I  T  G  T  U
```

BUFF THE BANANA	CHEESE OFF
CHOKE KOJAK	JIBBER JAB
PICKING APPLES	PUMPING THE KEG
RUB THE NUB	STAFF MEETING
STROKING IT	WANG BANG

Spanking the Monkey

Puzzle #16

```
C  S  P  R  E  A  D  T  H  E  M  A  Y  O  W
H  S  S  O  C  V  F  Q  O  H  Q  H  G  P  H
U  P  H  A  N  D  R  E  L  I  E  F  J  F  I
R  A  O  X  A  S  R  G  B  U  T  M  F  R  T
N  N  T  I  J  J  A  A  M  A  L  B  J  A  T
I  K  U  I  L  O  W  J  A  J  S  W  V  C  L
N  T  N  P  P  T  R  L  E  H  T  Y  P  K  E
G  H  E  U  K  V  H  A  V  R  P  D  W  I  T
B  E  U  E  C  D  Z  E  G  H  K  X  B  N  H
U  M  P  I  N  L  G  X  G  O  K  I  R  G  E
T  O  F  D  O  B  Y  N  R  L  F  E  T  O  S
T  N  N  E  D  T  Q  J  G  B  O  F  N  F  T
E  K  A  T  Z  S  J  U  T  Q  B  V  R  F  I
R  E  A  P  D  C  Z  A  L  X  B  Q  E  L  C
B  Y  A  Y  C  U  K  P  Z  I  G  A  N  Y  K
```

CHURNING BUTTER   FRACKING OFF

HAND RELIEF   JERK IT

OIL THE GLOVE   RAG OFF

SPANK THE MONKEY   SPREAD THE MAYO

TUNE UP   WHITTLE THE STICK

Feeling Frisky

Puzzle #17

```
Y  D  R  M  H  U  R  Z  S  A  J  I  B  B  G
H  X  E  Q  P  V  R  J  B  R  O  N  E  R  T
A  O  Z  M  Y  L  A  D  Y  B  O  N  E  R  U
F  B  T  T  H  S  W  J  W  S  C  O  C  G  X
S  N  Q  T  O  B  G  G  H  O  T  B  O  N  E
C  Y  H  E  O  O  H  H  V  L  O  Q  M  V  H
H  C  H  R  D  T  Y  O  V  S  U  D  V  Z  O
N  X  P  N  M  D  R  A  X  E  D  S  I  D  R
S  A  R  G  N  Z  Y  O  V  N  R  T  J  E  N
K  O  L  A  S  F  R  I  T  S  T  I  C  Z  A
H  N  R  B  O  N  E  R  S  K  F  F  C  F  T
W  F  C  Q  N  A  G  V  S  F  D  F  H  N  T
T  S  U  F  V  O  I  H  Q  T  Q  Y  U  Z  A
F  O  M  P  R  A  U  N  C  H  Y  W  B  B  C
J  F  P  J  U  O  C  Z  F  W  E  M  U  V  K
```

BONER	BRONER
CHUB	HORN ATTACK
HORNDOG	HOT BONE
HOT TO TROT	LADY BONER
RANDY	RAUNCHY
STIFFY	WOODIE

Feeling Frisky

Puzzle #18

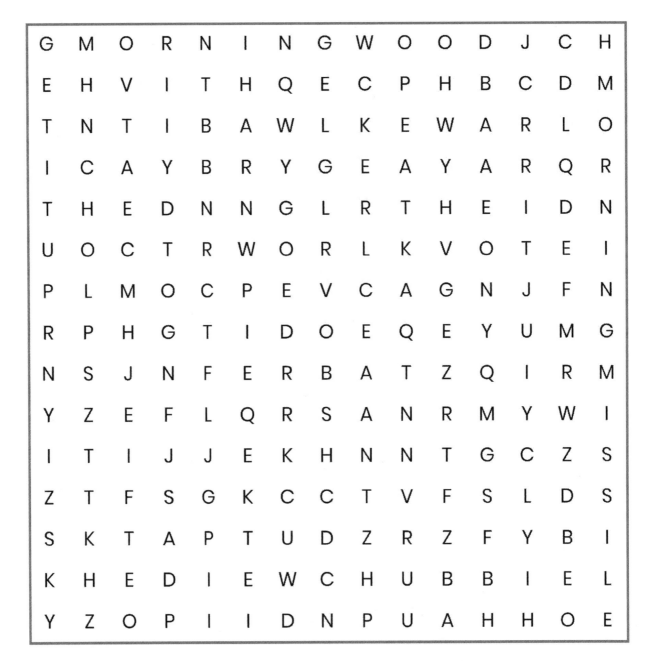

```
G  M  O  R  N  I  N  G  W  O  O  D  J  C  H
E  H  V  I  T  H  Q  E  C  P  H  B  C  D  M
T  N  T  I  B  A  W  L  K  E  W  A  R  L  O
I  C  A  Y  B  R  Y  G  E  A  Y  A  R  Q  R
T  H  E  D  N  N  G  L  R  T  H  E  I  D  N
U  O  C  T  R  W  O  R  L  K  V  O  T  E  I
P  L  M  O  C  P  E  V  C  A  G  N  J  F  N
R  P  H  G  T  I  D  O  E  Q  E  Y  U  M  G
N  S  J  N  F  E  R  B  A  T  Z  Q  I  R  M
Y  Z  E  F  L  Q  R  S  A  N  R  M  Y  W  I
I  T  I  J  J  E  K  H  N  N  T  G  C  Z  S
Z  T  F  S  G  K  C  C  T  V  F  S  L  D  S
S  K  T  A  P  T  U  D  Z  R  Z  F  Y  B  I
K  H  E  D  I  E  W  C  H  U  B  B  I  E  L
Y  Z  O  P  I  I  D  N  P  U  A  H  H  O  E
```

ANTSY	CHUBBIE
EAGER BEAVER	GET IT UP
HARD	HORNY
MORNING MISSILE	MORNING WOOD
PITCH A TENT	ROCK HARD
STIFFIE	TENTPOLE

Knocking Boots

Puzzle #19

```
U  G  R  O  U  P  B  A  N  G  B  L  S  W  P
V  Y  M  K  R  B  R  A  J  T  S  F  M  B  U
U  J  M  X  E  P  O  C  S  E  Y  X  O  E  S
Y  O  F  E  D  C  S  F  O  H  R  J  Z  W  H
Q  E  D  K  S  X  I  T  F  Z  T  Z  U  K  I
P  T  I  O  A  S  Y  H  G  I  G  Z  C  B  N
X  G  E  C  C  T  A  N  T  V  N  I  P  I  G
I  J  K  M  N  K  I  R  P  D  W  G  N  M  R
T  O  X  E  J  D  I  W  O  E  O  C  V  S  O
A  I  W  I  N  U  P  N  H  U  K  G  W  A  P
D  T  T  I  R  P  U  T  G  E  N  O  T  J  E
H  J  R  F  M  Y  P  A  I  Z  E  D  F  U  Z
E  G  N  U  U  I  T  X  V  D  G  U  A  R  Z
A  P  H  W  D  C  A  X  P  D  L  X  N  J  D
A  W  O  R  H  L  K  R  D  I  M  H  V  Y  W
```

BOFFING	DIP THE WICK
DOCKING	GRINDING
GROUP BANG	HUMP
MESS AROUND	PUSHING ROPE
TIT FUCK	TIT JOB
TWENTY TOES	

Knocking Boots

Puzzle #20

```
V  Q  D  I  D  D  L  Y  D  O  O  U  S  Q  J
B  R  K  V  K  H  T  S  D  Y  M  P  D  E  O
X  G  W  H  C  U  B  Z  D  F  K  O  R  N  W
Z  V  E  T  O  M  Q  L  S  C  Z  R  O  G  C
I  R  L  T  C  O  R  R  I  B  E  I  N  F  B
Q  E  U  R  T  Z  D  W  D  N  T  A  X  S  A
F  P  Y  G  A  I  P  T  I  C  T  V  T  U  L
W  R  H  H  N  I  N  N  A  E  R  O  Z  A  L
A  V  Q  J  D  R  Y  G  I  L  O  J  V  V  S
A  W  M  B  T  T  O  T  L  B  F  T  W  L  D
F  J  O  P  X  F  O  M  K  U  O  B  F  G  E
A  Z  K  I  T  O  W  C  P  S  C  J  O  C  E
W  V  S  Z  P  R  O  Z  O  I  R  K  O  N  P
R  C  X  L  B  N  Y  Z  H  I  N  E  Y  E  K
W  E  L  A  K  A  T  E  K  I  O  G  G  F  V
```

ACTION   BALLS DEEP
BONK   DIDDLY DOO
DIP WICK   FELTCH
GETTING LUCKY   KNOCK BOOTS
POOTIE TANG   PUT OUT
ROMPING   SIXTY NINER

Knocking Boots

Puzzle #21

```
W  R  C  P  U  A  K  B  S  W  C  M  U  B  U
G  B  E  A  T  I  N  G  C  H  E  E  K  S  N
Q  D  F  A  H  T  E  R  T  K  B  G  T  B  E
B  B  K  O  P  P  K  C  N  J  U  T  V  A  T
D  X  E  Y  R  A  I  O  O  R  M  H  S  R  F
F  I  T  A  L  N  R  T  E  Q  P  F  C  E  L
E  A  C  Z  T  K  I  H  Z  U  U  U  R  B  I
O  Q  O  K  S  C  T  C  C  Q  G  C  E  A  X
I  J  K  Y  D  T  H  K  A  R  L  K  A  C  N
Y  V  K  E  A  I  A  E  D  T  I  I  M  K  C
F  P  W  E  E  E  V  P  E  M  E  N  P  R  H
Q  U  B  F  F  Z  V  I  A  K  S  G  I  O  I
K  V  K  A  N  S  E  P  N  S  S  V  E  D  L
M  Q  O  C  N  E  S  O  I  G  S  I  S  E  L
S  C  K  B  G  V  B  J  V  F  D  F  Y  O  M
```

BAREBACK RODEO   BEAT CHEEKS
BEAT THE RUG   BEATING CHEEKS
BUMP UGLIES   CREAMPIE
DICK DIVING   FUCKING
NETFLIX N CHILL   SKRONK
TAP ASS   FORNICATE

Knocking Boots

Puzzle #22

```
O  N  Z  C  C  Q  C  C  W  J  E  C  F  T  Z
W  C  A  Y  V  X  H  B  W  O  V  P  R  P  F
H  A  N  K  Y  P  A  N  K  Y  O  F  D  F  W
D  S  L  A  P  U  G  L  I  E  S  P  W  P  D
O  H  B  Q  U  I  C  K  I  E  Y  J  I  O  O
G  C  O  V  B  Q  X  V  E  C  W  M  I  E  I
G  L  O  M  S  O  J  B  V  M  A  G  B  U  N
I  C  B  R  E  N  O  I  D  R  H  X  D  O  G
E  T  G  L  Y  R  X  T  L  I  I  X  T  L  T
S  K  J  Y  G  C  U  W  Y  I  C  I  S  T  H
T  C  H  P  O  R  K  N  D  C  T  L  O  U  E
Y  E  X  T  G  A  W  S  Y  E  A  M  N  X  D
L  B  L  V  A  S  Y  U  G  S  J  L  A  S  E
E  B  D  M  M  M  U  N  G  I  N  G  L  O  E
N  W  T  T  V  Q  Z  X  T  K  B  S  O  A  D
```

BOOTY CALL
DOING THE DEED
HANKY PANKY
MUNGING
QUICKIE
WOOPIE

DOGGIE STYLE
GET IT ON
HOMERUN
PORK
SLAP UGLIES

Knocking Boots

Puzzle #23

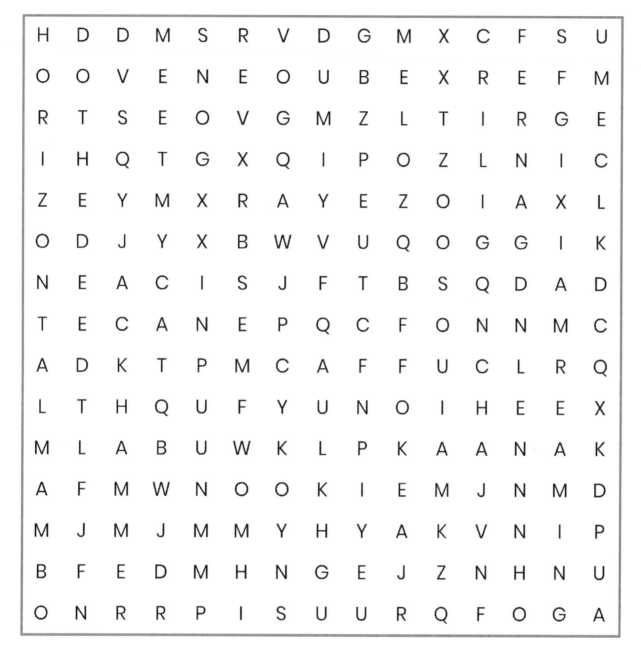

H	D	D	M	S	R	V	D	G	M	X	C	F	S	U
O	O	V	E	N	E	O	U	B	E	X	R	E	F	M
R	T	S	E	O	V	G	M	Z	L	T	I	R	G	E
I	H	Q	T	G	X	Q	I	P	O	Z	L	N	I	C
Z	E	Y	M	X	R	A	Y	E	Z	O	I	A	X	L
O	D	J	Y	X	B	W	V	U	Q	O	G	G	I	K
N	E	A	C	I	S	J	F	T	B	S	Q	D	A	D
T	E	C	A	N	E	P	Q	C	F	O	N	N	M	C
A	D	K	T	P	M	C	A	F	F	U	C	L	R	Q
L	T	H	Q	U	F	Y	U	N	O	I	H	E	E	X
M	L	A	B	U	W	K	L	P	K	A	A	N	A	K
A	F	M	W	N	O	O	K	I	E	M	J	N	M	D
M	J	M	J	M	M	Y	H	Y	A	K	V	N	I	P
B	F	E	D	M	H	N	G	E	J	Z	N	H	N	U
O	N	R	R	P	I	S	U	U	R	Q	F	O	G	A

BOING

BUMP FUZZIES

DO THE DEED

GET LAID

HORIZONTAL MAMBO

JACK HAMMER

MEET MY CAT

NOOKIE

POUND

REAMING

ROMP

SPANK

Knocking Boots

Puzzle #24

```
W  M  W  I  B  R  E  A  S  T  J  O  B  N  C
Q  A  Q  F  R  I  S  K  Y  F  R  A  C  K  F
W  X  I  C  B  T  G  K  V  L  K  K  I  J  D
Y  M  J  Z  L  N  A  V  F  D  X  E  H  P  R
I  G  E  N  I  W  G  C  C  R  Y  C  E  E  G
U  E  B  K  S  N  V  U  E  T  N  E  R  F  S
B  Y  N  O  A  O  O  M  S  R  D  X  A  X  E
F  O  N  B  I  Q  A  A  X  E  G  T  M  R  G
B  X  I  C  F  N  N  F  E  H  J  U  H  V  E
K  L  G  T  P  E  K  N  P  W  R  V  L  M  Q
C  D  M  G  H  W  K  L  S  J  I  V  R  M  O
Q  T  O  T  R  X  O  D  N  O  O  N  E  R  J
V  G  O  S  H  A  G  G  I  N  G  N  M  X  K
P  D  P  P  I  Q  K  G  E  T  L  U  C  K  Y
C  O  G  W  S  Z  Z  C  C  A  V  A  C  L  E
```

BANG	BOINK
BONKING	BREAST JOB
CUM	DO THE NASTY
FRISKY FRACK	GET LUCKY
KNEE DEEP	NOONER
RAM	SHAGGING

Knocking Boots

Puzzle #25

```
X S L I M E T H E B A N A N A A
B H A P K T X S Y I S L B Z T
I G Y S Q G P O A P L Q F R R
R E F V V N I D Z V F A E B K
D T F W K Z C O W P R L I U I
S S N Z E M T M O A B E K M A
A O Q L A A M Y F M V C A P P
N M N D I D D L E K A G W N G
D E E X A L O R C B O N E A K
B A Z K U T T W E V V U B S H
E S V X S E O R U L G S F T O
E S A U E L A M W U R C T I T
S L H N P B U F J Q G R B E Y
H T K V X O E K S Y F E K S X
E N K G H P W S Z Q G W S A E
```

BAREBACK

BONE

DIDDLE

KNEE TREMBLER

SCREW

SODOMY

BIRDS AND BEES

BUMP NASTIES

GET SOME ASS

PLOW

SLIME THE BANANA

Sucky Sucky

Puzzle #26

```
S I R E O R F D M N W Z N T S
T D T H Z P F I G E A I Q B L
W U N H X K L W U K K T O R U
O F C B E B S Z A P D J H B R
G G O L U G W V M P B Y I G P
I I C O S Z G U B O A X W I O
V V K W I U L N N N G V I V F
I E S J S B C K O U A W B I F
N F U O E W W K H S T K P N O
G A C B T J A T I P H E X G Y
S C K J U I A L L N R E F H Y
K E I V Q O H W L F G Z G E A
U L N F R D C Z H O S A K A H
L A G H A N R G S E W Y S D C
L P T P Y H M I A W O I K S K
```

BLOWJOB

COCK SUCKING

GIVING HEAD

KNOB JOB

SLURP OFF

SWALLOW

BLUMPKIN

GIVE FACE

GIVING SKULL

NOSH

SUCKING ASS

THROAT HUG

Sucky Sucky

Puzzle #27

```
W  M  O  N  K  E  Y  W  R  E  N  C  H  F  A
R  B  U  G  P  N  I  O  T  E  K  D  I  S  C
L  R  V  Z  Q  T  F  K  O  A  J  I  D  U  A
E  K  K  C  U  U  G  S  N  C  W  N  D  C  R
L  H  Z  A  N  A  B  L  S  Z  U  N  T  K  P
F  A  C  I  A  L  V  U  I  A  G  E  O  O  E
C  P  T  Z  B  V  L  R  L  T  O  R  S  F  T
R  R  Y  G  T  H  P  E  J  B  F  S  F  M
Q  R  O  A  D  I  E  E  X  J  B  O  S  I  U
Y  D  G  P  U  L  F  E  A  F  L  R  A  G  N
S  Q  F  L  A  W  Y  B  M  N  E  T  L  S  C
F  K  S  M  O  K  E  P  O  L  E  W  A  U  H
F  Q  Q  B  Y  E  F  R  G  Q  U  O  D  N  E
S  M  O  K  E  H  O  G  P  L  C  Q  Z  V  R
F  U  C  N  N  E  L  V  B  R  O  U  G  L  B
```

CARPET MUNCHER	DINNER FOR TWO
FACIAL	GOBBLE
MONKEY WRENCH	ROADIE
SLURPEE	SMOKE HOG
SMOKE POLE	SUCK OFF
TONSIL EXAM	TOSS SALAD

Sucky Sucky

Puzzle #28

```
E  R  U  S  T  Y  T  R  O  M  B  O  N  E  N
A  L  W  X  C  H  J  R  Q  H  E  A  D  Y  C
T  M  Q  D  C  C  S  V  J  K  G  C  K  X  L
I  Q  U  Q  E  L  J  G  S  U  Z  C  M  S  E
N  S  C  N  N  E  V  I  H  C  U  U  N  I  V
G  E  N  M  C  B  P  H  C  F  J  Q  D  X  E
D  X  B  O  F  H  T  T  Y  L  C  F  G  T  L
I  L  B  F  W  U  C  K  H  P  S  W  R  Y  A
C  Q  T  O  O  B  C  A  W  R  P  K  A  N  N
K  W  J  M  S  U  A  F  R  O  O  M  C  I  D
A  U  W  I  S  N  N  L  M  P  G  A  B  N  H
V  K  J  L  E  N  S  V  L  X  E  I  T  E  E
T  U  U  P  X  B  L  O  W  I  E  T  Q  T  A
X  D  M  N  F  L  Y  G  E  T  N  Q  S  B  D
G  R  Z  V  B  D  O  D  M  T  L  G  H  Q  U
```

BLOWIE   CLEVELAND HEAD
DEEPTHROAT   EATING DICK
HEAD   MOUTH HUG
MUNCH   MUNCH CARPET
RUSTY TROMBONE   SIXTY NINE
SNOW BALLING   SUCKY FUCKY

Sucky Sucky

Puzzle #29

```
D E E P T H R O A T I N G W K
L W L I P S E R V I C E N W Y
L T W M E C H E W I E F Z M L
F G I V I N G N E C K P V R L
Y R Z D I R T Y K N E E S R F
Y R O D H E A D E D I Z E N L
Y J B C M U F F D I V I N G O
L T W L K W J I Y Z D D W P S
P Y G R O T B I H P W E U X S
T S P D O W H S U C K I T L I
E R Z M L X J E A D O L L L N
W D A S I H I O M Q A O Z H G
F Z D D E O N J B I F L B E B
S M O K I N G A D I C K C D C
F T I T E W W D D G I P P W E
```

BLOW JOB
DEEP THROATING
FLOSSING
LIP SERVICE
ROCK THE MIC
SMOKING A DICK

CHEWIE
DIRTY KNEES
GIVING NECK
MUFF DIVING
ROD HEAD
SUCK IT

Sucky Sucky

Puzzle #30

W	U	P	N	G	I	U	G	L	Q	O	S	V	M	A
S	G	I	P	T	H	I	R	D	B	A	S	E	Y	N
M	P	P	N	O	N	C	L	N	K	V	V	D	A	E
O	S	E	P	C	O	C	K	S	U	C	K	E	R	A
K	K	J	L	F	H	Z	L	P	L	D	H	Z	L	T
I	U	O	V	E	A	T	O	U	T	R	E	M	I	P
N	L	B	H	V	G	I	H	T	E	Q	C	I	H	U
G	L	W	U	F	Y	E	S	G	B	K	T	F	I	S
P	F	B	M	A	W	Z	R	Z	C	L	M	J	Z	S
O	U	K	M	Q	L	U	V	I	F	Z	O	Y	I	Y
L	C	A	E	Z	B	Q	D	N	E	L	Y	W	A	W
E	K	Q	R	R	N	K	E	X	U	J	Z	S	M	U
S	W	C	U	F	C	T	G	B	R	R	H	C	T	E
M	W	F	K	U	L	C	W	D	J	B	K	V	I	K
H	V	K	S	D	I	N	E	A	T	T	H	E	Y	G

BLOW ME

DINE AT THE Y

EAT PUSSY

HUMMER

SKULL FUCK

SUCK DICK

COCK SUCKER

EAT OUT

FUR BURGER

PIPE JOB

SMOKING POLE

THIRD BASE

More Snarky Insults

```
S  L  N  I  Z  H  E  K  H  G  H  O  I  P  R
J  T  A  R  T  M  O  N  K  E  Y  B  U  L  W
C  U  N  T  S  I  C  L  E  V  Q  R  P  M  A
U  B  W  E  P  Y  D  K  N  V  E  N  B  S  N
H  K  I  M  A  A  K  B  V  B  A  T  S  H  S
C  Z  U  C  W  S  O  L  B  U  N  A  C  L  V
O  H  J  K  W  J  S  O  H  U  K  N  C  I  I
C  Y  C  H  K  N  N  B  C  C  U  Q  R  G  J
Q  I  Z  C  Z  K  L  Y  A  M  K  B  P  N  R
D  Y  A  V  Y  Y  Z  L  S  G  T  L  Q  S  Z
J  H  H  G  T  A  S  S  V  L  G  X  D  I  P
W  E  G  W  R  F  A  N  I  A  H  E  M  R  K
B  O  B  C  A  T  P  S  F  D  L  V  R  Y  R
D  C  L  A  M  D  I  G  G  E  R  A  U  W  G
G  B  U  T  T  M  U  N  C  H  J  H  T  T  F
```

ASS BAGGER	ASS MUNCH
BUTT MUNCH	CHUMP
CLAM DIGGER	CRAZY CUNT
CUNTSICLE	DICKWAD
DOGGY KNOBBER	SLACK ASS
TART MONKEY	WHACK JOB

More Snarky Insults

Puzzle #32

C	G	W	B	S	V	M	F	K	Z	X	Y	H	K	C
B	O	W	C	A	I	Q	E	Z	N	E	G	W	I	R
E	O	K	R	S	K	I	I	I	R	C	U	W	T	A
Q	K	D	E	V	L	D	M	Q	Q	O	D	Q	L	Z
W	K	E	B	W	P	D	T	T	J	C	A	K	I	Y
A	J	C	E	E	H	X	O	E	K	K	S	F	M	B
N	E	P	P	M	G	O	F	T	R	S	S	N	P	I
K	U	F	U	W	I	O	R	U	I	U	B	U	D	T
A	R	L	E	O	O	P	S	E	M	C	L	M	I	C
Q	I	N	P	R	M	Z	T	L	B	K	A	B	C	H
J	I	N	N	F	G	Q	A	I	E	E	S	N	K	R
L	Q	Z	E	K	P	E	T	E	C	R	T	U	N	Y
X	A	N	R	U	U	F	R	C	I	I	E	T	X	A
M	L	J	E	Z	E	B	E	L	L	F	R	S	O	D
J	A	C	K	H	O	L	E	J	E	Q	C	X	C	F

ASS BLASTER	COCKSUCKER
COKE WHORE	CRAZY BITCH
FERGER	IMBECILE
JACKHOLE	JEZEBEL
LIMP DICK	MINX
NUMB NUTS	WANK

More Snarky Insults

```
D  F  Z  G  Z  R  N  I  S  F  P  U  B  X  C
E  H  U  A  C  Q  D  T  S  S  X  W  J  H  T
C  V  U  Q  P  Y  J  G  R  E  S  M  S  K  O
K  T  G  Z  Q  I  A  M  L  O  Z  W  U  N  M
L  U  L  X  W  B  N  O  F  H  L  S  Q  I  T
S  L  B  S  E  C  H  D  C  J  T  L  J  N  T
L  X  A  R  B  T  K  N  I  I  S  K  O  K  P
M  U  O  R  T  I  U  Y  T  C  P  G  T  P  R
Q  H  Q  U  D  A  T  H  J  G  K  Q  X  B  J
W  E  B  K  R  A  C  C  B  W  R  H  S  B  X
R  R  D  L  I  T  S  N  H  O  L  D  B  A  G
Y  P  X  N  I  D  R  S  Z  Y  T  U  R  D  E
R  I  U  B  V  F  D  T  Z  O  Q  N  H  B  X
C  O  C  K  R  I  D  E  R  F  R  S  F  P  V
O  L  W  H  O  R  E  M  O  N  K  E  Y  H  V
```

BITCH TITS	BITCHY
BUTT HOLE	COCK RIDER
LARD ASS	OLD BAG
PIN DICK	RAUNCH
TROLLOP	TURD
WHORE BAG	WHORE MONKEY

More Snarky Insults

Puzzle #34

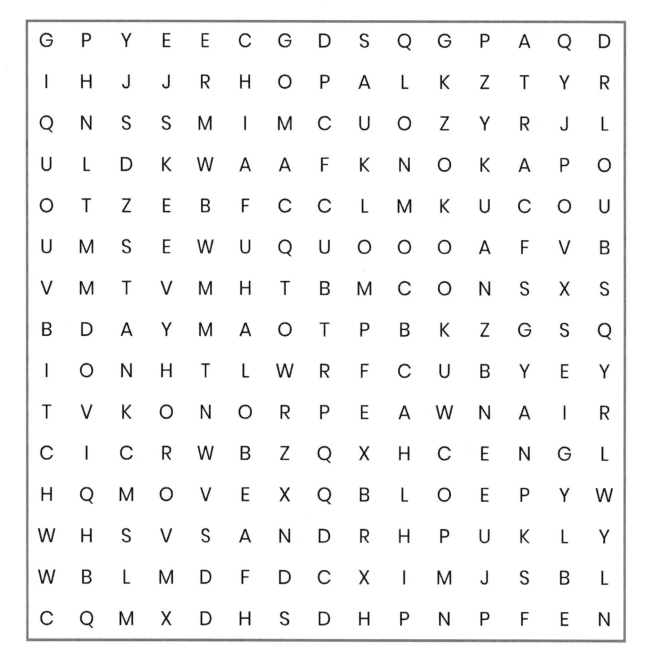

G	P	Y	E	E	C	G	D	S	Q	G	P	A	Q	D
I	H	J	J	R	H	O	P	A	L	K	Z	T	Y	R
Q	N	S	S	M	I	M	C	U	O	Z	Y	R	J	L
U	L	D	K	W	A	A	F	K	N	O	K	A	P	O
O	T	Z	E	B	F	C	C	L	M	K	U	C	O	U
U	M	S	E	W	U	Q	U	O	O	O	A	F	V	B
V	M	T	V	M	H	T	B	M	C	O	N	S	X	S
B	D	A	Y	M	A	O	T	P	B	K	Z	G	S	Q
I	O	N	H	T	L	W	R	F	C	U	B	Y	E	Y
T	V	K	O	N	O	R	P	E	A	W	N	A	I	R
C	I	C	R	W	B	Z	Q	X	H	C	E	N	G	L
H	Q	M	O	V	E	X	Q	B	L	O	E	P	Y	W
W	H	S	V	S	A	N	D	R	H	P	U	K	L	Y
W	B	L	M	D	F	D	C	X	I	M	J	S	B	L
C	Q	M	X	D	H	S	D	H	P	N	P	F	E	N

BITCH   BUTT FACE
COCK BAG   COCK MONGER
CUM BUNNY   FLOOZY
HOE   PUNK ASS
SKEEVY HO   STANK
WENCH   WHOREHOUSE

More Snarky Insults

Puzzle #35

```
Q Z Q S T R U M P E T F G G Y
O G B I R D B R A I N A J T C
G A N V L D M O K B H N A V V
M R I F Y R B X J T U E C Y E
D D N U E H V L C G H V G O E
P E C V B F T E O W H Q W V X
L N O S W Z J O K O C C J M Q
R T M K D E W C W A D L R B Q
K O P E R S U D H N E C D V N
V O O E Q B L P G W B A L L F
O L O Z B I A T C H C I P A R
T U P Y F U C K F A C E K C T
W I S H S Z I L X V S L C E W
L T I O P U C K B U N N Y X T
G U S D I N E A O P Q I F L E
```

BIATCH   BIRD BRAIN
BLOODCLAT   BUCK WHEAT
FUCK FACE   GARDEN TOOL
NINCOMPOOP   PUCK BUNNY
REJECT   SKEEZY HO
STRUMPET   TOWN BIKE

More Snarky Insults

Puzzle #36

```
X  I  Z  B  I  Z  S  N  A  T  C  H  U  E  Z
Z  Z  G  W  D  E  K  E  E  Z  W  H  Q  E  C
Z  G  X  P  J  Q  I  A  W  I  D  Z  S  G  O
F  R  Z  D  J  H  F  V  S  N  P  A  A  I  C
U  Y  T  W  C  Y  M  L  M  X  E  C  Z  S  K
C  N  V  O  F  G  R  A  O  T  T  G  W  S  S
K  D  O  B  F  C  H  L  K  O  E  Q  Z  H  M
H  H  A  G  R  M  N  C  A  S  Z  E  H  I  O
E  I  B  A  G  B  I  T  C  H  T  I  B  T  K
A  K  A  M  J  R  B  Z  Z  O  A  V  E  B  E
D  X  V  W  P  H  N  E  L  T  F  N  H  R  R
Q  W  J  F  K  G  D  R  R  C  N  S  N  I  H
B  M  W  I  L  G  A  A  Y  O  O  Q  R  C  G
I  H  F  G  H  H  T  B  V  K  W  E  B  K  R
X  V  O  T  W  O  B  I  T  W  H  O  R  E  R
```

BAG BITCH	BIZSNATCH
COCK SMOKER	FLOOZIE
FUCK HEAD	HARLOT
HOOCHIE	PRICK TEASE
SHIT BRICK	TART
TWO BIT WHORE	

More Insults

Puzzle #37

```
A B J R F D X M Z Y D Q I M C
O G M Z F Q T I L K B Y O R N
W X V N F L D G C P F Q E B D
I E S E S L U F C U P K S A C
N A X L T T L V U E C S E L O
D S A N T J Z B T U A H B L C
O S F U C B H E F K E O S L K
W C B W E S C S N O I V I B
L A G Z J E S A O Y S Z M C L
I N J Y N A J B B V N Z K K O
C F L R A H C R U M B U M E C
K Z N Z O A G G E I X A E R K
E U P U B G V C A G I H N Y E
R Z S L U M P B U S T E R P R
H D Z B H T O U G H T I T T Y
```

ASS CAN	ASS FUCKER
BALL LICKER	BONEHEAD
BUTT UGLY	COCK BLOCKER
CRUM BUM	JACK ASS
SEAHAG	SLUMP BUSTER
TOUGH TITTY	WINDOW LICKER

More Comebacks

Puzzle #38

```
Z N D F P R D R O P D E A D T
I Z N Q K I S S M Y A S S M H
Q O A Z M R W L O R K E J O D
T B J Z U W W L I V K H L J C
E F I O D G E F Q C Q T E A Z
W U Y T W D V A O Q E M V C F
Q P Q C E V N C G R W W L K U
U B K N H M Y P T O A N L O C
Z T Z H Z M E I L Q Q X J F K
O G M F K O T B H I Z I F F A
M N T C R A V I X G R F E A D
K R U T E O G B A V O F I Y U
Q S J B W O F B H D N G Z I C
V J D M K Z P P O G D A P S K
T K P O U B P S I W J A K R F
```

BEAT IT	BITE ME
BLOW ME	DROP DEAD
FUCK A DUCK	JACK OFF
KISS MY ASS	SOD OFF
SUCK MY COCK	UP YOURS

More Comebacks

```
R  F  H  Y  J  Y  T  C  T  G  Q  G  Y  C  U
S  S  U  C  K  D  O  N  K  E  Y  C  O  C  K
S  P  O  U  N  D  S  A  N  D  R  T  Z  A  H
U  N  E  D  M  X  K  F  G  V  K  F  U  A  Z
C  P  N  Z  Z  H  F  D  F  C  L  O  B  T  O
K  A  Y  M  O  O  L  F  I  B  Y  B  G  Y  O
A  O  E  I  T  Q  O  D  L  K  W  F  Y  E  T
N  G  B  A  Z  R  Y  F  C  X  F  E  W  S  F
E  Q  E  G  E  M  F  U  B  F  C  J  O  K  R
G  B  P  G  K  O  F  W  O  B  Y  L  J  M  B
G  H  G  C  K  D  R  F  T  C  T  Z  N  Z  W
D  U  U  C  Z  R  F  O  P  E  A  J  O  I  S
B  S  A  U  F  E  Q  R  G  E  A  T  M  E  L
U  H  P  O  B  U  G  O  F  F  U  X  Z  X  R
W  N  B  K  R  E  C  M  X  F  L  A  L  X  B
```

BEAT OFF	BUG OFF
BUGGER OFF	EAT ME
EFF OFF	FUCK YOU
GET LOST	POUND SAND
SUCK AN EGG	SUCK DONKEY COCK
SUCK MY DICK	WHACK OFF

Getting Kinky

Puzzle #40

```
A  U  S  T  R  A  L  I  A  N  K  I  S  S  D
R  E  T  W  B  F  Y  E  S  B  O  O  K  I  S
A  I  R  I  S  H  K  I  S  S  U  N  W  T  L
B  P  C  O  C  K  R  I  N  G  I  Y  F  O  P
I  Z  X  F  Q  G  F  W  J  K  H  S  Z  E  F
A  A  D  A  I  S  Y  C  H  A  I  N  Y  S  U
N  U  N  D  F  R  E  A  K  Y  L  E  I  U  F
G  S  I  A  P  W  S  R  T  R  R  O  Z  C  P
O  F  N  C  L  Y  D  E  J  Y  C  V  Q  K  T
G  Z  J  X  Y  B  U  R  L  B  L  I  R  I  C
G  G  A  J  H  W  E  I  E  F  X  R  Q  N  E
L  P  S  E  C  G  Z  A  K  E  S  P  C  G  Z
E  P  E  R  E  S  U  H  D  E  T  U  S  D  C
S  T  X  S  F  Y  E  Y  Z  S  A  I  C  J  Q
S  W  O  R  D  F  I  G  H  T  I  N  G  K  B
```

ANAL BEADS

AUSTRALIAN KISS

DAISY CHAIN

IRISH KISS

NINJA SEX

SWORD FIGHTING

ARABIAN GOGGLES

COCK RING

FREAKY

KINK

SELF SUCK

TOE SUCKING

Getting Kinky

Puzzle #41

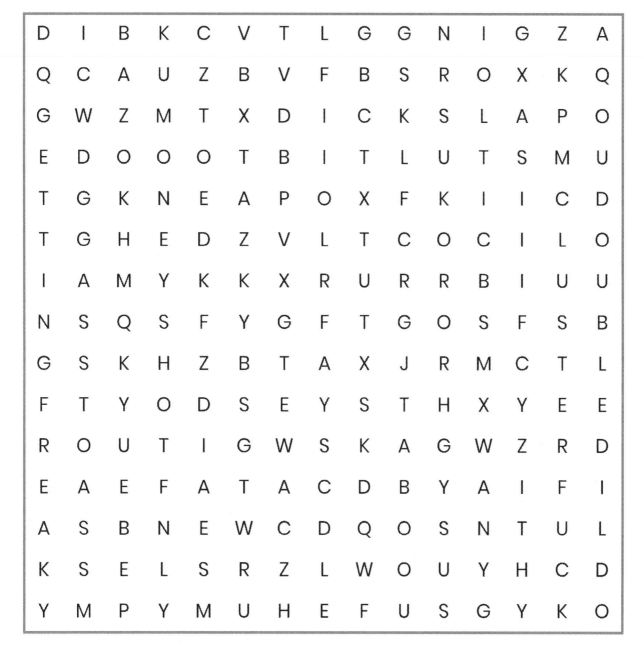

```
D  I  B  K  C  V  T  L  G  G  N  I  G  Z  A
Q  C  A  U  Z  B  V  F  B  S  R  O  X  K  Q
G  W  Z  M  T  X  D  I  C  K  S  L  A  P  O
E  D  O  O  O  T  B  I  T  L  U  T  S  M  U
T  G  K  N  E  A  P  O  X  F  K  I  I  C  D
T  G  H  E  D  Z  V  L  T  C  O  C  I  L  O
I  A  M  Y  K  K  X  R  U  R  R  B  I  U  U
N  S  Q  S  F  Y  G  F  T  G  O  S  F  S  B
G  S  K  H  Z  B  T  A  X  J  R  M  C  T  L
F  T  Y  O  D  S  E  Y  S  T  H  X  Y  E  E
R  O  U  T  I  G  W  S  K  A  G  W  Z  R  D
E  A  E  F  A  T  A  C  D  B  Y  A  I  F  I
A  S  B  N  E  W  C  D  Q  O  S  N  T  U  L
K  S  E  L  S  R  Z  L  W  O  U  Y  H  C  D
Y  M  P  Y  M  U  H  E  F  U  S  G  Y  K  O
```

ASS JOB
BUTT PLUG
DICK SLAP
FIST FUCK
MENAGE A TROIS
TABOO

ASS TO ASS
CLUSTER FUCK
DOUBLE DILDO
GETTING FREAKY
MONEY SHOT

Getting Kinky

Puzzle #42

```
D  Q  R  S  A  T  H  R  E  E  S  O  M  E  C
O  R  R  F  C  Q  O  R  V  M  T  B  D  T  M
U  Q  G  C  F  S  T  X  O  U  B  F  U  Q  E
B  Q  T  D  A  D  W  C  F  Q  N  A  F  D  P
L  U  H  K  X  B  X  U  P  U  N  U  X  U  X
E  E  F  U  Y  B  W  S  A  O  R  V  P  U  K
T  E  O  C  I  L  Q  D  R  J  E  R  P  G  E
U  N  O  U  R  B  T  G  G  B  F  B  S  F
B  I  T  C  Q  K  S  J  A  T  G  B  C  I  E
B  N  F  K  V  A  H  T  Y  H  R  B  V  W  E
I  G  U  I  S  M  T  T  A  B  O  O  N  C  C
N  M  C  N  L  O  S  H  R  I  M  P  I  N  G
G  O  K  G  R  V  P  C  E  O  V  B  Q  Y  L
L  Z  F  F  T  E  A  B  A  G  G  I  N  G  G
Z  T  W  I  T  T  E  R  B  A  N  G  L  C  D
```

ASTRONAUT	CUCKING
DOUBLE TUBBING	FOOT FUCK
FROTTAGE	FURRBIE
QUEENING	SHRIMPING
TABOO	TEA BAGGING
THREESOME	TWITTER BANG

Too Dirty For Some!

Puzzle #43

```
V  L  Q  P  D  I  R  T  Y  S  W  I  R  L  Y
M  Z  X  E  G  V  B  M  R  G  V  D  Q  G  D
E  D  S  P  P  W  P  T  W  K  I  O  T  O  O
X  I  B  L  U  M  P  K  I  N  A  N  M  O  G
I  R  T  D  H  V  F  C  B  W  G  K  A  X  I
C  T  D  J  B  V  X  J  J  N  S  E  U  N  N
A  Y  E  I  I  W  B  X  I  V  P  Y  I  B  A
N  S  C  I  R  V  C  H  N  Z  J  S  M  S  B
S  A  A  M  H  T  C  I  H  L  C  H  U  W  A
L  N  Q  L  M  L  Y  U  C  J  X  O  D  M  T
I  C  E  F  E  V  B  H  N  J  I  W  S  R  H
N  H  B  F  M  E  H  V  A  B  I  T  L  H  T
K  E  Y  W  H  S  T  K  U  R  Z  I  I  X  U
Y  Z  I  I  Q  E  A  S  A  P  R  E  D  A  B
E  S  P  H  I  C  S  U  P  A  L  Y  E  Q  B
```

BLUMPKIN   DIRTY HARRY
DIRTY SANCHEZ   DIRTY SWIRLY
DOG IN A BATHTUB   DONKEY SHOW
FELCHING   MAUI MUDSLIDE
MEXICAN SLINKY

One Eye Wonder Weasel

Puzzle #44

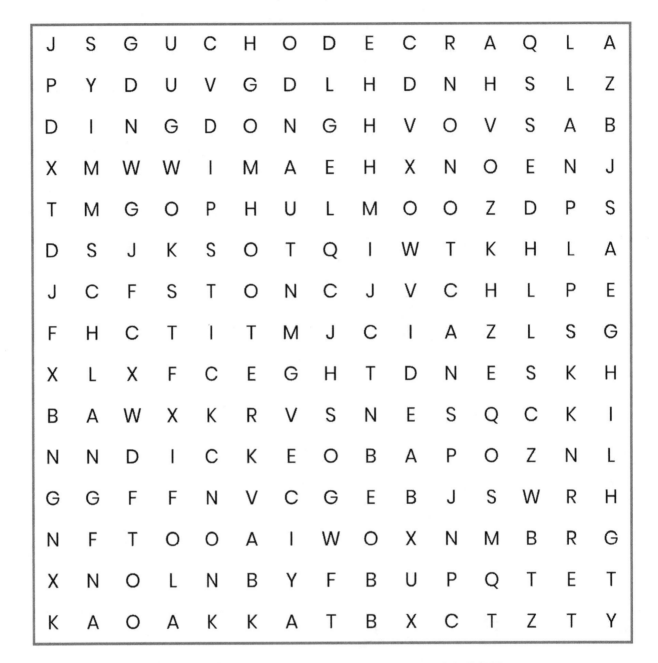

```
J  S  G  U  C  H  O  D  E  C  R  A  Q  L  A
P  Y  D  U  V  G  D  L  H  D  N  H  S  L  Z
D  I  N  G  D  O  N  G  H  V  O  V  S  A  B
X  M  W  W  I  M  A  E  H  X  N  O  E  N  J
T  M  G  O  P  H  U  L  M  O  O  Z  D  P  S
D  S  J  K  S  O  T  Q  I  W  T  K  H  L  A
J  C  F  S  T  O  N  C  J  V  C  H  L  P  E
F  H  C  T  I  T  M  J  C  I  A  Z  L  S  G
X  L  X  F  C  E  G  H  T  D  N  E  S  K  H
B  A  W  X  K  R  V  S  N  E  S  Q  C  K  I
N  N  D  I  C  K  E  O  B  A  P  O  Z  N  L
G  G  F  F  N  V  C  G  E  B  J  S  W  R  H
N  F  T  O  O  A  I  W  O  X  N  M  B  R  G
X  N  O  L  N  B  Y  F  B  U  P  Q  T  E  T
K  A  O  A  K  K  A  T  B  X  C  T  Z  T  Y
```

ANACONDA	BIG BEN
CHODE	DICK
DINGDONG	DIPSTICK
DOODLE	HOOTER
JOCK	LOVE STICK
SCHLANG	WEASEL

One Eye Wonder Weasel

Puzzle #45

```
K  D  L  R  F  W  X  U  Q  B  Q  T  X  M  X
Q  P  T  K  S  P  A  U  Q  I  E  E  L  K  I
K  S  A  H  M  M  I  N  T  B  P  E  T  E  R
D  E  D  W  I  B  N  I  G  I  Z  M  S  W  A
W  B  P  P  Q  R  X  K  A  E  A  P  M  S  K
D  E  I  A  V  D  D  T  M  Z  R  K  J  O  U
V  O  I  R  M  N  Q  L  D  I  N  G  E  R  D
X  O  P  N  D  O  K  W  E  U  W  Z  A  T  I
F  D  Z  X  E  I  M  I  K  G  C  D  S  Y  C
Q  P  E  X  P  R  E  L  F  M  N  U  I  A  K
D  I  R  K  C  O  B  L  J  D  F  C  P  O  L
A  I  X  L  N  A  V  Y  T  O  L  Q  W  W  E
Q  A  F  U  C  K  P  O  L  E  C  Z  O  K  T
Z  Q  R  V  T  Q  P  H  A  L  L  U  S  Y  O
I  A  C  H  O  P  P  E  R  S  J  J  B  S  K
```

BIRDIE	CHOPPER
DICKLET	DINGER
DIRK	FUCK POLE
PETER	PHALLUS
THIRD LEG	WANGER
WEINER	WILLY

One Eye Wonder Weasel

Puzzle #46

```
A  J  H  C  R  Q  N  S  D  O  P  H  O  M  V
C  A  C  U  M  E  M  Z  R  W  O  G  J  D  N
W  W  P  S  C  B  L  Q  Y  C  M  Q  V  Y  M
F  B  M  T  D  R  W  X  N  I  H  Q  N  W  K
P  R  D  A  O  B  A  V  W  Z  P  Y  O  K  E
W  E  I  R  N  E  V  N  X  Y  A  T  S  Z  J
E  A  N  D  G  E  P  U  K  A  C  S  P  T  O
E  K  G  L  B  F  Y  C  C  D  K  H  B  R  S
N  E  A  A  U  B  W  M  B  Y  A  A  A  W  Q
I  R  L  U  L  A  S  A  A  U  G  F  N  C  W
S  N  I  N  G  Y  R  R  C  C  E  T  A  U  Q
G  W  N  C  E  O  Z  H  J  O  H  N  N  G  X
C  B  G  H  G  N  L  G  C  L  A  I  A  S  A
C  V  D  E  D  E  A  T  S  L  E  R  N  J  Z
C  S  H  R  N  T  Y  F  F  O  V  Z  J  E  W
```

BANANA	BEEF BAYONET
BULGE	CRANK
CUSTARD LAUNCHER	DINGALING
DONG	JAWBREAKER
MACHINE	PACKAGE
PWEENIS	SHAFT

One Eye Wonder Weasel

Puzzle #47

```
C W X E Q I D V B J H U Y N V
N U T V R A M R O D M W Q G L
K H Y B K X G S N O J L N H C
U A R I G U X V Q D V O W D P
X Q S S Z G A T H I L U O I G
Y A W H A N G Q O H B B W D Y
I W W O J X R P S O Q E E D U
Z V C P I K P E C T L A E L H
P P D M S L Q N W Z Y N N Y H
C P P X X T O I C U O T Y Z V
F C Q I J W P S G Z E O M Y Q
F T O P C E M G Q F A S V P P
V L B C U K I A B F N S H T P
Y Y X G K B L Q D U H E X O X
F E M V R J X E H F D R A E Z
```

BEAN TOSSER	BIG GUY
BISHOP	COCK
DIDDLY	PENIS
PICKLE	RAMROD
SHLONG	TOOL
WEENY	WHANG

One Eye Wonder Weasel

Puzzle #48

Z	W	G	C	E	O	M	U	N	D	E	T	K	P	W
E	X	C	O	F	S	W	I	V	G	Q	E	P	E	K
X	H	Y	M	A	Q	K	P	E	C	Y	F	C	E	J
J	N	X	A	F	R	Y	N	H	E	S	Q	E	W	Y
O	T	U	N	E	Q	O	J	O	B	H	J	B	E	G
H	C	B	H	W	B	O	A	T	K	P	B	R	E	D
N	H	G	D	G	I	O	R	R	C	R	O	A	D	A
S	U	M	O	O	L	L	F	O	Q	C	O	T	I	M
O	B	D	Z	R	G	D	L	D	I	S	N	W	L	E
N	B	I	Q	J	I	I	K	I	V	M	G	U	L	M
S	Y	W	T	U	G	N	F	K	E	R	A	R	I	B
S	X	A	Z	Q	J	G	M	R	L	I	H	S	N	E
F	Y	N	G	K	W	L	K	K	I	W	O	T	G	R
K	F	J	W	V	Y	E	R	V	K	B	P	S	E	N
I	P	O	P	S	L	E	P	Q	X	M	L	B	R	P

BOONGA	BRATWURST
CHUBBY	DILLINGER
DINGLE	DOG BONE
GHERKIN	HOT ROD
JOHNSON	MEMBER
PEEWEE	WILLIE

One Eye Wonder Weasel

Puzzle #49

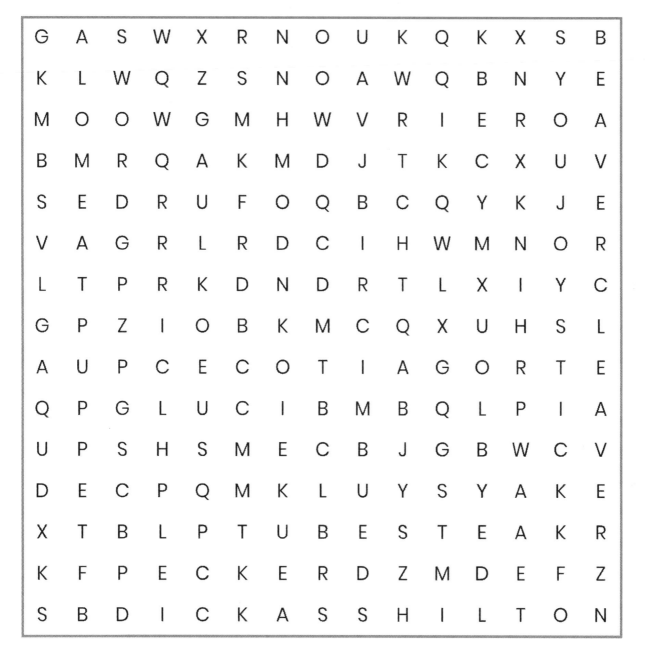

```
G A S W X R N O U K Q K X S B
K L W Q Z S N O A W Q B N Y E
M O O W G M H W V R I E R O A
B M R Q A K M D J T K C X U V
S E D R U F O Q B C Q Y K J E
V A G R L R D C I H W M N O R
L T P R K D N D R T L X I Y C
G P Z I O B K M C Q X U H S L
A U P C E C O T I A G O R T E
Q P G L U C I B M B Q L P I A
U P S H S M E C B J G B W C V
D E C P Q M K L U Y S Y A K E
X T B L P T U B E S T E A K R
K F P E C K E R D Z M D E F Z
S B D I C K A S S H I L T O N
```

BEAVER CLEAVER
CHUCK DICKENS
JOYSTICK
PECKER
ROD
TUBE STEAK

BOBBY
DICKASS HILTON
MEAT PUPPET
PIECE
SWORD
WICK

One Eye Wonder Weasel

Puzzle #50

```
U  I  R  S  A  L  A  M  I  F  A  A  K  B  S
Z  D  I  N  G  D  O  N  G  T  G  Z  I  T  F
T  G  U  K  P  P  T  R  Z  A  G  Q  E  A  R
J  N  D  U  Q  Z  Q  S  I  C  B  J  L  L  A
I  V  M  E  A  T  R  O  D  H  Q  R  B  L  N
J  J  I  D  Y  E  G  D  P  I  C  R  A  Y  K
F  I  Q  Q  D  J  W  T  C  N  R  E  S  W  S
O  G  X  P  I  P  E  E  X  F  A  Z  A  H  A
R  G  E  M  J  Q  S  T  E  Z  O  O  H  A  N
X  E  S  X  O  B  I  B  F  N  B  H  C  C  D
E  R  U  E  V  N  D  S  Y  J  I  I  R  K  B
Y  R  T  B  U  H  H  Q  Z  O  P  E  V  E  E
W  I  E  N  E  R  U  X  N  D  R  J  Y  R  A
C  X  I  P  E  C  K  E  R  W  O  O  D  L  N
H  D  S  K  K  I  E  D  O  N  M  U  B  I  S
```

DING DONG	FRANKS AND BEANS
JIGGER	KIELBASA
MEAT ROD	PECKER WOOD
PIPE	SALAMI
TALLY WHACKER	UNIT
WEENIE	WIENER

One Eye Wonder Weasel

Puzzle #51

```
I  K  T  L  Z  L  D  T  H  I  N  G  K  P  U
I  K  L  I  H  O  E  I  P  M  B  C  K  L  K
G  S  O  T  V  J  I  M  M  Y  I  B  Z  A  R
H  C  V  T  X  J  C  M  H  T  N  S  B  E  B
Y  H  E  L  R  L  M  E  S  J  W  C  H  V  S
A  L  M  E  M  K  K  O  R  K  K  C  P  S  H
S  O  U  G  B  E  C  P  R  B  N  X  E  M  N
V  N  S  U  M  S  A  A  I  U  M  E  E  I  H
D  G  C  Y  I  H  A  T  P  S  L  C  P  I  E
H  B  L  D  S  Z  A  T  S  K  S  Q  E  Y  G
Y  A  E  C  B  W  U  M  N  T  V  E  E  P  Z
H  L  V  H  B  N  A  I  M  P  I  T  R  L  U
K  Q  V  A  O  D  D  T  R  E  W  C  Q  V  P
G  X  K  D  X  H  O  M  V  I  R  W  K  D  C
F  A  D  F  V  R  R  N  Y  T  W  W  R  B  Z
```

DINKLE	DISCO STICK
DONUT PUNCHER	HAMMER
JIMMY	LITTLE GUY
LOVE MUSCLE	MEAT STICK
PEEPEE	PISSER
SCHLONG	THING

Sweet Ol Honeypot

Puzzle #52

```
G  B  K  C  S  B  Q  U  W  Z  R  I  K  O  F
M  X  W  B  W  V  X  S  U  E  W  N  M  S  L
Z  M  I  M  J  Z  T  N  T  R  L  G  O  L  S
S  E  P  A  O  Q  C  O  T  N  J  L  O  I  R
I  B  L  L  N  E  O  M  V  V  Q  Q  S  A  C
D  A  F  D  R  P  O  P  A  H  P  P  H  G  A
A  J  Z  H  I  W  C  P  G  V  Q  R  O  V  M
N  I  T  X  I  Q  H  S  I  O  K  L  O  S  E
G  N  S  Y  S  W  I  U  N  C  E  T  X  N  L
L  G  F  B  E  A  R  D  E  D  C  L  A  M  T
E  O  D  Q  J  M  Z  G  V  A  C  N  P  D  O
R  I  I  H  D  M  I  N  R  E  I  V  C  W  E
S  O  K  O  O  C  H  L  D  Z  C  P  T  D  Y
N  T  G  G  W  W  H  A  M  F  L  A  P  Z  Q
I  B  A  C  O  N  S  T  R  I  P  S  B  H  M
```

BACON STRIPS
BEARDED CLAM
COOCHI
HAM FLAP
MOOSHOO
VAGINE

BAJINGO
CAMEL TOE
DANGLERS
KOOCH
POOTER

Sweet Ol Honeypot

Puzzle #53

```
M  E  A  T  C  U  R  T  A  I  N  S  S  T  F
U  K  B  J  F  J  T  A  E  T  S  T  R  Q  M
L  V  R  J  O  J  L  K  Z  Y  A  K  M  B  E
O  W  A  Z  O  I  M  D  N  C  H  H  D  V  L
P  F  K  F  F  G  Y  A  T  S  C  V  A  F  S
K  J  B  O  H  U  N  A  T  A  W  C  W  K  X
T  F  B  O  E  O  F  Z  H  D  T  S  G  M  T
H  L  S  R  O  C  T  C  H  A  X  Z  F  C  D
J  E  Q  P  S  M  Z  P  B  I  D  I  S  O  J
R  S  W  S  L  I  T  R  O  T  I  P  C  O  J
K  H  I  K  P  N  V  G  D  C  A  O  Z  T  W
P  T  Y  H  W  K  S  M  Z  L  K  L  P  E  R
T  A  T  L  B  Y  G  P  F  O  W  E  V  R  R
J  C  S  N  L  I  X  P  X  D  P  M  T  O  C
F  O  P  J  B  F  I  M  B  T  W  Y  Y  N  V
```

BAT CAVE
COOTER
FLAPS
FOOF
MEAT CURTAINS
POONANY

CHACH
FAT CAT
FLESH TACO
HOT POCKET
MINKY
SLIT

Sweet Ol Honeypot

Puzzle #54

```
G O Q P C F A N D A N G O M E
B J K O O C H I H S S D R Y O
Y S B A N G H O L E T B E H J
T W U T J H O L E M A N M S Q
M S C R X X J G P U M Z N F W
M Y P N H U R M F F P A J W C
O B T X T X N T C F O Q A D I
M V I L N I O N O I N U F D V
B B D T J P U W O N T F T O X
J K X O Y T F C C B U A Y U B
V O E E P U W E H M N V C Q M
Q A N H L O V G Y Q N J T O F
T O D O W N T O W N E P X F T
H J M Z P U N A N Y L W O S K
K B B Z P R P U S S Y W B H M
```

BANG HOLE	COOCHY
DOWNTOWN	FANDANGO
HOLE	HONEY POT
KOOCHI	MUFF
MUFFIN	PUNANY
PUSSY	TAMPON TUNNEL

Sweet Ol Honeypot

Puzzle #55

```
I K K X W Y S W Q O I T T T Q
V B X S E A B V P U E P A Q T
X Q F E V B A M Q K D W X V J
I P U L X A V S C K T X U T R
H U V L Y Q G O L Y P P B E P
S S L L A T P E A I V H N D T
T S Z W I K R J P A L A D A N
J P W L C C Y A E N N C D S R
A D R O F A L B P O C U P B Z
Y Z C N J D C I O F R Z N P R
Z L X A P N D P T R A Q T Z X
S Z V O V T L T E B N U P J D
D M A R Y E L L E N N I G N W
X K C F G N R O L L Y E Q A W
L C T E F D L P X K Q F K P R
```

BEAV

COCK POCKET

FLYTRAP

POONANER

QUIEF

VAG

CLIT

CRANNY

MARY ELLEN

PUSS

TWAT

VAJAYJAY

Sweet Ol Honeypot

Puzzle #56

```
M  Y  F  L  P  O  O  N  T  A  N  G  Z  L  W
G  A  P  I  N  G  D  R  A  G  O  N  F  N  X
E  E  N  C  T  A  V  L  R  G  I  W  F  W  C
U  K  S  F  L  O  W  E  R  G  N  I  G  G  S
B  R  R  H  H  T  T  P  H  N  U  W  X  E  T
I  F  I  L  G  P  E  N  U  Q  I  S  S  N  S
A  X  S  G  M  I  Y  F  U  R  P  I  E  W  O
L  Q  L  C  N  P  L  N  K  N  J  A  N  Z  G
S  L  I  N  A  Q  I  F  E  U  N  X  T  G  S
G  G  U  A  W  L  Y  L  A  L  A  E  H  H  M
I  C  W  Q  R  B  O  X  H  T  S  W  I  Z  V
E  Y  K  E  O  H  X  I  R  O  Y  O  N  Q  S
P  U  M  B  D  X  N  L  L  D  W  U  G  N  O
K  L  C  O  P  K  C  U  N  T  U  N  Y  I  V
F  N  C  J  X  O  C  Z  T  A  M  D  I  O  L
```

AXE WOUND	BOX
COD HOLE	CUNNIE
CUNT	FLOWER
FUR PIE	GAPING DRAGON
MERLIN	POONTANG
QUIF	THINGY

Fun With The Girls

Puzzle #57

```
A  J  Y  P  V  K  V  Q  Y  W  Z  G  W  S  B
O  R  F  D  L  F  C  P  P  O  S  Y  T  Y  Z
M  N  E  C  R  R  X  H  M  T  Z  U  O  V  I
B  L  R  O  L  L  X  I  H  K  N  N  S  G  W
V  B  N  W  L  F  C  K  N  Y  A  O  N  D  S
L  F  U  S  Z  A  E  G  D  W  T  R  I  U  T
Y  S  B  B  W  D  A  A  O  Y  C  K  T  N  C
G  R  P  C  B  G  L  L  R  P  H  S  T  U  A
O  K  U  N  X  I  T  S  P  I  I  X  I  B  S
S  J  O  O  B  S  E  N  K  S  C  C  E  B  A
T  X  Z  R  I  B  D  S  I  U  H  Q  S  E  B
J  P  P  Q  U  D  G  M  S  U  I  B  K  R  A
J  T  Z  H  N  W  Z  J  L  N  S  H  T  S  S
M  O  N  E  Y  M  A  K  E  R  S  J  V  B  K
M  N  E  P  A  N  S  O  J  Z  U  G  A  Y  S
```

AREOLA ALPS	BUBBIES
CASABAS	CHI CHIS
HUBES	JOOBS
LADY NUTS	MONEY MAKERS
NORKS	NUBBERS
ORBS	SNITTIES

Fun With The Girls

Puzzle #58

```
W  M  D  U  A  L  A  I  R  B  A  G  S  S  V
X  G  R  B  A  Z  Q  S  S  K  H  S  P  O  K
G  O  M  M  B  L  R  N  S  U  M  O  O  Y  J
C  K  R  O  J  O  O  O  Y  A  O  H  M  P  I
Y  N  W  L  L  C  O  R  E  B  F  Q  G  J  G
M  O  I  T  A  L  N  B  Y  U  H  M  S  B  G
O  B  L  E  A  Q  H  T  A  E  A  R  U  G  L
M  S  B  B  C  G  T  E  G  G  E  W  B  L  Y
M  J  A  V  I  E  P  A  H  P  E  X  D  O  P
Y  B  U  H  B  Z  V  B  M  R  D  K  T  B  U
P  C  C  E  B  A  O  U  S  K  D  K  V  E  F
A  U  M  P  E  J  B  W  D  H  G  T  Q  S  F
R  F  X  L  S  M  F  N  M  E  A  G  Z  G  S
T  K  C  N  I  C  V  E  P  I  U  J  L  D  F
S  B  N  V  D  B  Z  G  C  L  H  Y  U  G  P
```

BABALOOS	BEACONS
BETTY BOOPS	BOOBAGE
BUMPERS	CLEAVAGE
DUAL AIR BAGS	GLOBES
HIGH BEAMS	JIGGLY PUFFS
KNOBS	MOMMY PARTS

Fun With The Girls

Puzzle #59

```
D W P D P U Z N E F N Q O S B
N F R F N O N G F O L U R C I
B A Z O O K A S E Q M E S O K
Y M O N T Q P J L N G B Y C I
F G Q J U G S B C N I U Y O N
V B Q A S D Q Z A T B T K N I
E B O S O M G H K I E T O U S
Z F O D T Q P Z G T B E F T T
V N B U S V D X T T O R C S U
Z H O O T E R S B I P B O S F
U H Q X D E F W N E S A V X F
N P C G Z O M O T S G G E O E
H Q G Q M U X E O Z G S I Y R
C W H O P P E R S B Q D K Y S
U Z K Q T Q A H C Y S V G A Q
```

BAZOOKAS

BEBOPS

BIKINI STUFFERS

BOSOM

BUTTERBAGS

COCONUTS

FOOBS

HANGERS

HOOTERS

JUGS

TITTIES

WHOPPERS

Fun With The Girls

Puzzle #60

```
Q  U  P  L  F  G  H  W  N  Z  Q  A  Z  L  R
N  A  O  Z  M  B  I  G  B  O  P  P  E  R  S
C  U  P  C  A  K  E  S  E  Q  P  J  Y  E  S
Z  V  N  K  U  B  B  L  I  N  K  E  R  S  C
C  J  C  X  K  Y  A  L  J  S  P  T  S  T  V
A  M  Z  B  Q  A  O  Z  T  C  J  T  J  H  D
N  U  F  H  O  G  B  O  O  J  Z  E  J  E  F
T  Y  A  U  U  T  O  F  O  S  L  H  A  M
A  I  C  Y  N  D  N  A  O  E  M  S  S  D  D
L  O  Q  D  A  B  I  C  I  B  N  S  V  L  P
O  K  K  M  N  U  A  T  E  O  E  S  A  I  O
U  A  Z  V  O  E  O  G  L  R  D  R  T  G  K
P  L  I  K  V  O  Q  E  S  F  S  B  S  H  T
E  N  B  N  H  J  M  D  V  V  V  L  O  T  N
S  H  N  R  R  Q  Y  Y  X  U  B  R  X  S  E
```

BAZOOMS	BIG BOPPERS
BLINKERS	BOUNCERS
CANTALOUPES	CUPCAKES
FUN BAGS	HEADLIGHTS
HOOTIES	KABOOBERS
MELONS	TOTS

Fun With The Girls

Puzzle #61

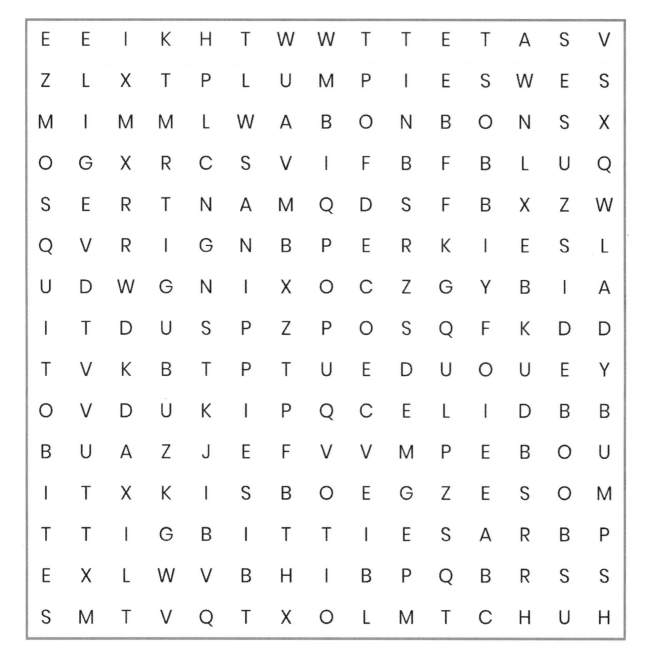

E	E	I	K	H	T	W	W	T	T	E	T	A	S	V
Z	L	X	T	P	L	U	M	P	I	E	S	W	E	S
M	I	M	M	L	W	A	B	O	N	B	O	N	S	X
O	G	X	R	C	S	V	I	F	B	F	B	L	U	Q
S	E	R	T	N	A	M	Q	D	S	F	B	X	Z	W
Q	V	R	I	G	N	B	P	E	R	K	I	E	S	L
U	D	W	G	N	I	X	O	C	Z	G	Y	B	I	A
I	T	D	U	S	P	Z	P	O	S	Q	F	K	D	D
T	V	K	B	T	P	T	U	E	D	U	O	U	E	Y
O	V	D	U	K	I	P	Q	C	E	L	I	D	B	B
B	U	A	Z	J	E	F	V	V	M	P	E	B	O	U
I	T	X	K	I	S	B	O	E	G	Z	E	S	O	M
T	T	I	G	B	I	T	T	I	E	S	A	R	B	P
E	X	L	W	V	B	H	I	B	P	Q	B	R	S	S
S	M	T	V	Q	T	X	O	L	M	T	C	H	U	H

BON BONS

LADY BUMPS

NIPPIES

PERKIES

SIDEBOOB

TIGBITTIES

CABOODLES

MOSQUITO BITES

PEEPERS

PLUMPIES

TETAS

TWINS

Fun With The Girls

Puzzle #62

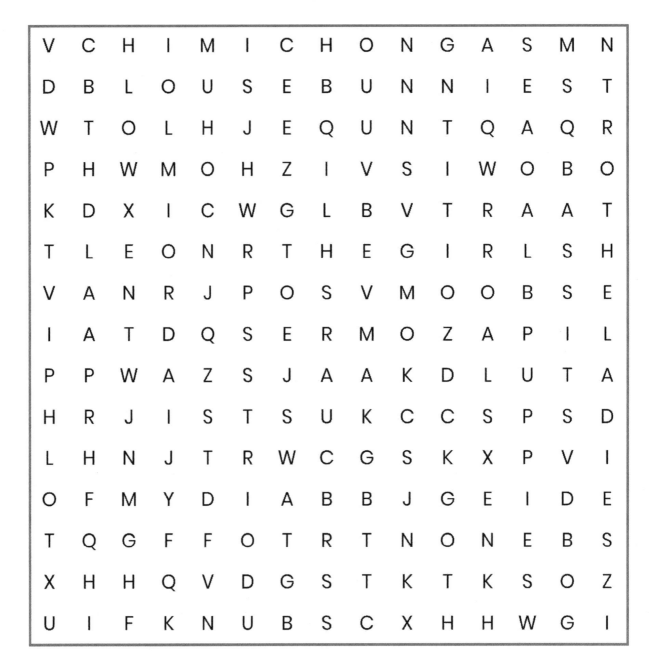

V	C	H	I	M	I	C	H	O	N	G	A	S	M	N
D	B	L	O	U	S	E	B	U	N	N	I	E	S	T
W	T	O	L	H	J	E	Q	U	N	T	Q	A	Q	R
P	H	W	M	O	H	Z	I	V	S	I	W	O	B	O
K	D	X	I	C	W	G	L	B	V	T	R	A	A	T
T	L	E	O	N	R	T	H	E	G	I	R	L	S	H
V	A	N	R	J	P	O	S	V	M	O	O	B	S	E
I	A	T	D	Q	S	E	R	M	O	Z	A	P	I	L
P	P	W	A	Z	S	J	A	A	K	D	L	U	T	A
H	R	J	I	S	T	S	U	K	C	C	S	P	S	D
L	H	N	J	T	R	W	C	G	S	K	X	P	V	I
O	F	M	Y	D	I	A	B	B	J	G	E	I	D	E
T	Q	G	F	F	O	T	R	T	N	O	N	E	B	S
X	H	H	Q	V	D	G	S	T	K	T	K	S	O	Z
U	I	F	K	N	U	B	S	C	X	H	H	W	G	I

BLOUSE BUNNIES   CHIMICHONGAS
MOOBS   NUBS
PANOCHE   PUPPIES
RACK   TATAS
THE GIRLS   THE LADIES
TITS   TWIN PEAKS

Fun With The Girls

Puzzle #63

```
T  F  W  O  O  P  R  A  S  I  H  S  F  A  X
V  Z  C  J  E  S  R  P  U  S  W  L  U  J  F
D  Y  R  R  H  E  M  X  A  O  S  A  S  H  R
Y  E  O  R  O  U  J  N  L  G  S  T  U  S  E
S  M  T  D  H  O  U  L  A  R  S  B  E  S  I
N  F  P  J  W  H  I  B  E  E  S  L  R  S  H
W  M  B  U  A  P  K  G  R  E  C  E  A  M  K
Z  H  V  K  Y  L  N  D  I  I  F  G  Q  H  E
U  X  L  T  I  I  A  N  T  F  N  Z  T  N  X
K  I  R  M  D  E  N  S  U  O  H  L  M  R  N
A  I  K  M  H  I  E  T  Z  H  X  K  V  F  Y
D  J  U  Y  N  H  S  A  X  F  P  M  F  S  E
Y  H  G  X  C  A  G  N  O  B  O  N  G  O  S
F  D  P  D  R  G  G  G  R  Z  Z  J  M  I  L
Y  G  O  B  S  T  O  P  P  E  R  S  V  X  U
```

BONGOS	BRA STUFFERS
CHESTICLES	DIRTY PILLOWS
GAZONGAS	GOB STOPPERS
HEADRESTS	HUMDINGERS
HUMPS	KAHUNAS
MILK BAGS	NINNIES

Fun With The Girls

Puzzle #64

```
A  K  I  S  S  F  C  I  M  N  F  S  D  C  C
D  W  Z  I  G  R  A  P  E  F  R  U  I  T  S
K  A  D  C  P  C  O  C  K  M  U  F  F  S  A
M  T  Y  Z  M  Z  C  R  U  S  E  H  K  H  Z
P  E  W  R  E  Q  T  S  R  D  U  C  D  S  S
L  R  D  K  E  K  X  E  T  M  A  A  R  G  N
B  M  Z  J  G  K  P  B  T  J  A  E  N  K  I
A  E  Z  B  L  P  V  F  P  J  K  A  F  I  G
Z  L  H  Z  I  I  T  A  W  C  H  U  B  D  J
O  O  O  N  B  E  L  Z  O  T  A  C  X  Z  Q
N  N  N  S  O  F  R  N  B  Z  F  I  R  L  B
G  S  K  I  O  Q  K  K  P  U  I  Q  B  D  M
A  Q  E  K  B  M  Y  L  R  N  S  G  B  D  B
S  P  R  T  S  I  T  I  S  Y  K  T  G  O  A
R  X  S  H  K  Q  T  H  X  D  K  E  M  E  J
```

BAZONGAS	BOOBS
BUST	COCKMUFFS
FLAPJACKS	GRAPEFRUITS
HONKERS	KNOCKERS
NIPPERS	THANGS
WATERMELONS	

Even More Insults

Puzzle #65

```
B  I  T  C  H  A  S  S  S  K  A  N  K  E  U
U  F  S  N  S  T  Z  P  W  G  P  I  C  T  R
D  U  B  A  R  O  N  A  A  R  O  R  U  C  C
C  C  S  L  O  R  E  B  S  Y  D  Q  N  S  U
B  K  G  F  P  V  G  U  L  S  T  A  B  U  N
X  I  A  A  B  A  B  G  R  U  W  X  G  Y  T
N  N  H  A  H  J  K  I  L  S  Q  I  A  A  J
Q  G  K  S  Z  K  F  S  Z  Z  F  R  P  X  U
L  M  V  O  M  A  B  Z  S  S  C  L  U  E  G
P  O  C  A  R  R  S  E  H  Y  N  I  O  E  G
K  R  F  M  M  H  O  S  A  I  Y  A  M  H  L
D  O  W  G  K  P  A  R  U  M  I  H  T  A  E
N  N  K  M  R  G  C  J  J  E  T  J  F  C  R
I  K  B  J  K  T  W  A  T  F  A  C  E  A  H
R  I  T  H  U  N  D  E  R  C  U  N  T  U  S
```

ASSWIPE	BITCH ASS SKANK
BIZSNATCH	CRAY CRAY
CUNT JUGGLER	FUCKING MORON
SHAG BAG	SLORE
SLUT	THUNDER CUNT
TWAT FACE	VAMP

Even More Insults

Puzzle #66

```
K  Z  P  P  Q  V  V  E  G  N  A  P  Z  G  M
F  M  Y  I  T  O  G  Z  U  C  L  M  D  E  H
U  C  K  S  T  Q  I  J  I  X  H  E  G  S  R
C  H  Q  S  Z  Q  G  F  P  V  N  A  W  N  H
K  Z  U  H  V  H  O  P  P  C  B  T  P  D  Z
B  L  W  E  X  E  L  N  M  E  K  K  J  I  M
I  F  Y  A  F  S  O  C  O  K  G  V  V  Q  P
T  V  U  D  A  U  S  H  E  L  N  Q  P  H  C
C  V  F  C  H  S  C  L  N  V  W  Y  W  O  W
H  R  K  C  K  I  S  K  I  Y  H  K  O  O  L
K  R  W  Y  X  N  K  M  F  T  M  O  O  Z  B
M  Y  D  F  B  X  U  O  U  A  C  P  X  I  O
W  D  N  C  L  D  F  T  G  C  C  H  H  E  S
B  K  C  M  Q  O  X  N  R  B  U  E  T  P  R
G  A  E  O  M  P  Y  J  A  M  Q  S  D  C  H
```

ASS MUCUS	FUCK BITCH
FUCKFACE	FUCKNUT
GIGOLO	HOE BAG
HOOZIE	LEWD
MOFO	NYMPH
PISSHEAD	SLITCH

Even More Insults

Puzzle #67

```
M  I  M  Q  C  L  A  M  J  A  M  M  E  R  F
D  O  W  O  B  V  L  Z  C  B  I  U  E  J  Q
E  A  R  P  T  T  E  K  P  U  E  N  T  K  Y
A  S  P  O  C  H  B  Y  O  B  O  D  C  U  K
B  T  P  Z  N  P  E  T  X  G  L  A  R  C  N
E  T  U  U  A  W  I  R  I  U  M  Z  I  M  N
X  R  D  O  N  Z  X  B  F  S  Z  T  C  E  Q
X  C  J  U  I  K  A  K  K  U  S  I  L  T  L
V  B  U  N  X  K  B  C  P  K  C  O  H  C  O
X  B  H  M  C  D  I  U  C  B  H  K  H  D  E
H  A  W  U  D  D  A  U  C  L  X  A  E  O  S
O  R  S  D  O  U  F  T  L  K  W  Y  G  R  I
O  H  Q  E  I  G  M  I  D  Q  E  G  S  V  S
T  M  V  J  U  U  D  P  M  Z  S  T  M  K  S
A  W  S  C  H  M  U  C  K  U  H  Y  E  H  Y
```

CLAM JAMMER	CUM DUMP
DICK SMACK	DILLHOLE
FUCK STICK	MORON
MOTHERFUCKER	SCHMUCK
SISSY	SPUNK BUCKET
SUCK A BIG ONE	

Even More Insults

Puzzle #68

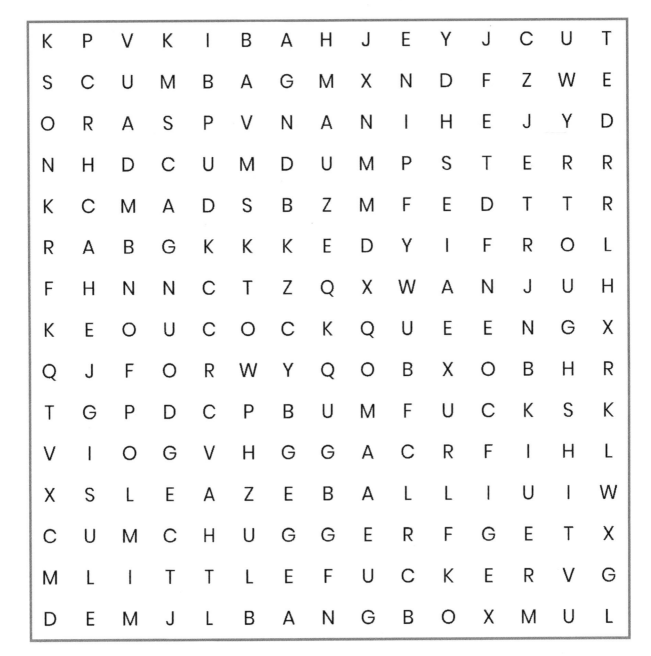

```
K P V K I B A H J E Y J C U T
S C U M B A G M X N D F Z W E
O R A S P V N A N I H E J Y D
N H D C U M D U M P S T E R R
K C M A D S B Z M F E D T T R
R A B G K K E D Y I F R O L
F H N N C T Z Q X W A N J U H
K E O U C O C K Q U E E N G X
Q J F O R W Y Q O B X O B H R
T G P D C P B U M F U C K S K
V I O G V H G G A C R F I H L
X S L E A Z E B A L L I U I W
C U M C H U G G E R F G E T X
M L I T T L E F U C K E R V G
D E M J L B A N G B O X M U L
```

BANG BOX	BUM FUCK
COCK QUEEN	CUM CHUGGER
CUM DUMPSTER	FUCK BUNNY
HOOCH	LITTLE FUCKER
SCAG	SCUMBAG
SLEAZEBALL	TOUGH SHIT

Even More Insults

Puzzle #69

O	H	V	E	Z	P	E	I	G	X	O	K	N	U	O
V	C	D	Q	X	G	F	K	R	Z	C	U	X	I	C
B	K	B	L	M	K	O	C	M	U	U	H	V	D	O
D	O	L	D	F	A	R	T	F	M	E	J	L	I	Z
R	T	X	Q	Z	L	C	K	T	B	K	V	C	C	R
I	W	L	W	W	U	A	O	Q	C	N	P	L	K	B
P	D	Q	B	T	E	N	W	I	S	E	Q	O	W	U
D	V	D	B	R	S	H	L	B	E	X	N	G	E	T
I	X	F	F	K	C	K	Z	R	Q	I	R	W	E	T
C	V	G	C	G	C	A	C	D	U	H	I	O	D	H
K	Y	O	I	I	Z	N	H	G	Z	R	J	G	V	U
K	C	N	D	M	I	I	Q	V	G	E	A	K	M	G
A	H	X	Q	Q	P	J	S	S	T	A	R	J	I	G
B	U	C	K	L	E	B	U	F	F	E	R	H	D	E
E	Q	E	A	E	B	O	J	M	J	T	L	A	B	R

BUCKLE BUFFER	BUTT HUGGER
CLOG WOG	COCK SNOT
CREEP	DICK LICK
DICKWEED	DRIP DICK
FREAK FUCK	GIMP
JERK	OLD FART

Even More Insults

Puzzle #70

```
A  L  K  G  U  T  T  E  R  W  H  O  R  E  I
L  B  Y  Q  C  C  O  F  E  W  U  N  J  N  T
Y  J  Z  B  Q  K  U  S  S  P  X  O  W  P  F
M  E  M  G  Z  V  L  M  Q  M  R  M  Y  H  H
O  R  M  U  N  W  A  Z  J  O  N  I  M  W  J
T  K  P  N  I  T  W  I  T  U  D  X  C  C  K
H  F  W  Z  P  U  D  D  J  Y  N  A  E  K  Q
A  A  D  V  M  R  G  R  A  X  Z  K  E  X  W
F  C  F  U  A  X  A  E  L  N  Y  E  I  U  S
U  E  U  T  P  A  N  S  Y  J  C  X  L  E  X
C  Y  E  S  X  S  Q  T  T  U  U  T  C  F  B
K  R  I  Q  Q  S  P  E  E  D  F  R  E  A  K
A  P  U  S  S  Y  F  A  R  T  V  Z  V  B  Z
D  F  U  C  K  S  Q  U  E  E  K  N  R  N  S
U  S  H  I  T  F  U  C  K  E  R  W  J  H  L
```

CUM JUNKIE	FUCKSQUEEK
GUTTER WHORE	JERKFACE
MOTHAFUCKA	NITWIT
PANSY	PRICK
PUSSY FART	RETARD
SHIT FUCKER	SPEED FREAK

The Family Jewels

Puzzle #71

```
S  S  J  Q  D  H  U  Q  S  T  U  S  Q  M  J
G  Q  B  N  B  N  U  T  H  U  G  G  E  R  S
I  Y  C  B  L  U  E  B  A  L  L  S  O  W  D
G  P  B  K  M  J  E  P  C  B  I  N  E  L  T
G  S  B  R  A  S  S  C  L  A  N  K  E  R  S
L  G  A  K  B  U  I  V  J  L  J  J  G  G  Z
E  G  V  I  H  H  C  R  E  L  I  W  X  K  E
B  C  O  J  O  N  E  S  L  S  G  D  C  F  D
E  N  T  H  M  J  K  B  D  A  J  N  N  X  L
R  Z  S  X  G  A  O  G  U  C  Y  S  A  P  N
R  W  S  D  H  V  L  T  O  K  J  A  R  D  I
I  W  N  M  B  Z  P  B  Z  N  J  C  D  V  D
E  Z  Y  A  M  B  A  G  I  A  A  K  S  X  K
S  F  S  W  A  M  P  N  U  T  S  D  F  N  S
I  J  D  E  E  Z  N  U  T  S  V  S  S  U  Z
```

BALLSACK	BLUE BALLS
BRASS CLANKERS	COJONES
DEEZ NUTS	GIGGLE BERRIES
GONADS	NARDS
NUT HUGGERS	SACK
SWAMP NUTS	YAM BAG

The Family Jewels

Puzzle #72

```
H T O F Y P R I V A T E S O P
X B M S W T K J E A S C G Z I
K A L X L A E T I F D R C Q G
E L Y D A N G L Y B I T S E J
W L C W A S X B Z Q T E C R I
O O H X Z T P F T P P O R O B
G C E Z Q O S Y K A Y Y O C B
M K E H U N O U R R D C W K L
N S S U J E T G B Z Z U N S I
Y K O E H S E P Z H K L J V E
B Q C O I N P U R S E L E R S
S I N W A C O R N S V I W S Q
X V Z V S O Q M O J Z O E B Q
L R H W R W I U J D G N L A E
V A T X D G K H R I B S S I Q
```

ACORNS
COIN PURSE
CULLIONS
GRAPES
LYCHEES
ROCKS

BALLOCKS
CROWN JEWELS
DANGLY BITS
JIBBLIES
PRIVATES
STONES

The Family Jewels

Puzzle #73

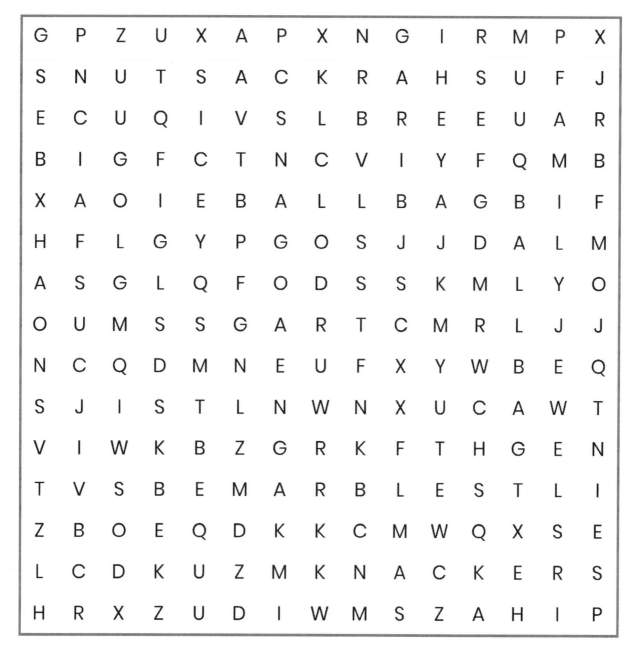

G	P	Z	U	X	A	P	X	N	G	I	R	M	P	X
S	N	U	T	S	A	C	K	R	A	H	S	U	F	J
E	C	U	Q	I	V	S	L	B	R	E	E	U	A	R
B	I	G	F	C	T	N	C	V	I	Y	F	Q	M	B
X	A	O	I	E	B	A	L	L	B	A	G	B	I	F
H	F	L	G	Y	P	G	O	S	J	J	D	A	L	M
A	S	G	L	Q	F	O	D	S	S	K	M	L	Y	O
O	U	M	S	S	G	A	R	T	C	M	R	L	J	J
N	C	Q	D	M	N	E	U	F	X	Y	W	B	E	Q
S	J	I	S	T	L	N	W	N	X	U	C	A	W	T
V	I	W	K	B	Z	G	R	K	F	T	H	G	E	N
T	V	S	B	E	M	A	R	B	L	E	S	T	L	I
Z	B	O	E	Q	D	K	K	C	M	W	Q	X	S	E
L	C	D	K	U	Z	M	K	N	A	C	K	E	R	S
H	R	X	Z	U	D	I	W	M	S	Z	A	H	I	P

BALLBAG
COBBLERS
FAMILY JEWELS
KNACKERS
NADS
NUT SACK

BALLS
DEEZNUTS
GOOLIES
MARBLES
NUGGETS

Come Around the Back

Puzzle #74

```
D  S  L  L  D  E  P  L  Q  R  C  X  X  A  F
R  D  Y  G  R  J  Z  N  E  N  R  R  O  N  A
W  C  U  H  E  E  J  N  X  H  Y  G  B  A  Y
R  O  V  N  Y  Y  R  C  S  O  N  A  I  L  A
S  E  Q  I  G  U  K  I  Y  I  H  G  T  I  D
Q  Z  K  Y  B  Y  F  G  L  B  E  R  E  M  L
W  P  X  K  V  R  Z  O  D  W  F  E  T  P  R
X  P  C  K  A  L  H  N  O  C  W  E  H  A  U
H  A  U  T  L  N  J  N  N  S  J  K  E  L  M
B  O  S  C  W  N  C  S  K  M  F  I  P  E  P
P  C  H  O  K  U  A  C  G  M  G  N  I  R  R
X  L  R  F  K  E  V  H  F  M  H  G  L  S  A
B  B  A  A  G  C  R  H  H  G  B  W  L  W  I
H  O  A  N  C  W  P  D  N  W  E  H  O  O  D
V  X  T  X  B  K  P  O  U  R  E  Q  W  N  B
```

ANAL IMPALER
BITE THE PILLOW
CRACK
DUNG
PLAN B
RUMP RAID

BACK BURNER
BROWN HOLING
DONK
GREEKING
PUCKER
STARFISH

Come Around the Back

Puzzle #75

```
L  M  F  A  N  N  Y  F  U  C  K  E  R  M  H
E  S  A  D  D  L  E  U  P  E  Q  P  F  W  F
A  U  H  L  T  P  S  T  I  N  K  H  O  L  E
T  E  C  T  A  D  D  T  E  O  G  T  U  Y  L
H  P  K  R  F  A  O  L  I  R  A  M  J  O  B
E  Q  C  X  P  O  O  B  R  U  Q  E  M  A  V
R  D  W  P  T  H  C  O  I  E  I  V  D  B  F
C  L  F  A  G  W  Q  J  U  K  J  D  K  E  P
H  Z  P  N  T  P  W  P  O  G  K  X  E  K  I
E  L  U  I  P  E  O  O  P  Y  J  T  G  K  F
E  B  Q  U  H  Q  D  O  X  C  D  K  K  H  Z
R  K  E  G  J  K  C  Q  P  H  I  M  O  I  C
I  X  Q  C  H  M  N  B  U  M  F  U  N  K  O
O  T  H  J  I  P  T  W  I  M  N  U  H  K  R
B  U  T  T  P  I  R  A  T  E  G  F  V  O  S
```

BUM FUN   BUNGHOLE
BUTT PIRATE   CRAP
DOOKIE   FANNY FUCKER
LEATHER CHEERIO   PATOOTIE
POOP   RAM JOB
SADDLE UP   STINKHOLE

Come Around the Back

Puzzle #76

```
E  P  A  J  M  P  S  S  V  U  E  G  C  J  X
M  S  D  O  O  K  I  E  M  A  K  E  R  L  C
H  I  I  B  R  Z  X  S  S  H  I  T  H  U  Z
N  K  F  G  P  O  O  P  C  H  U  T  E  I  I
Z  G  Y  J  T  W  P  J  C  V  Q  S  Z  K  Z
V  M  U  G  C  V  P  R  G  Y  C  E  E  V  K
S  S  G  F  O  Y  M  A  N  P  U  S  S  Y  N
S  Y  B  R  Z  L  I  M  U  I  Y  V  D  C  M
Z  S  F  E  L  C  H  E  R  F  N  J  C  N  K
R  E  C  T  I  F  Y  R  J  L  Y  E  G  D  J
U  R  M  H  X  Z  C  A  B  O  O  S  E  E  A
P  S  T  I  R  F  U  D  G  E  I  F  W  U  T
J  B  U  T  T  D  I  D  D  L  E  B  V  C  S
N  O  B  U  T  T  B  A  N  G  W  A  G  E  M
T  R  U  N  K  Y  L  W  P  Q  J  D  O  G  X
```

BUTT BANG	BUTT DIDDLE
CABOOSE	DEUCE
DOOKIE MAKER	FELCHER
MAN PUSSY	POOP CHUTE
RECTIFY	SHIT
STIR FUDGE	TRUNK

Come Around the Back

Puzzle #77

N	C	J	R	O	C	K	E	T	D	O	C	K	T	Y
E	H	J	I	S	A	N	T	O	R	U	M	V	W	R
C	B	X	G	E	W	T	J	Q	C	N	R	T	F	S
H	U	A	I	Y	X	W	A	Q	P	W	K	V	E	M
I	T	W	C	B	R	R	X	I	O	N	O	F	E	T
L	T	O	J	D	M	B	B	S	N	O	T	Z	U	A
L	L	T	N	I	H	K	H	R	K	T	Q	R	K	T
I	O	O	J	R	R	I	M	M	I	N	G	C	U	E
C	V	O	V	T	W	I	N	D	M	I	L	L	S	R
H	E	S	V	S	J	J	L	S	J	M	J	U	H	H
U	Q	H	O	T	X	L	S	F	L	R	K	Z	L	O
T	L	Y	L	A	D	S	M	L	R	C	R	O	U	L
E	L	W	R	R	K	J	X	Y	U	Q	O	K	W	E
J	W	B	J	H	B	D	B	T	H	T	H	Z	L	R
L	T	N	M	Z	R	K	X	R	S	X	O	H	S	Z

BUTT LOVE

DIRT STAR

ROCKET DOCK

STOOL

TATER HOLE

TUCKUS

CHILLI CHUTE

RIMMING

SANTORUM

TAINT

TOOSHY

WINDMILL

Come Around the Back

Puzzle #78

```
N Z L B X K G O A P I Z P G Z
E V C G U Z M O F A T M Y R T
R Q B X O T S S R X X G B E J
C L A A D W T H N L A K I E B
B A S O C L M H F Y K V X K A
Y U S I A K S L O T B O F S D
F E M S A S D W Y L V F I E O
J C U H L S S O G Y E I F X N
J F N P O I S C O U C Y T Y K
O D C B D L C Q R R Z Z H I A
I Q H J T N E K U A L N B B D
L L E V J F N U E A C U A U O
Q K R G Y E O K C R K K S T N
Z A H W T A I L P I P E E Y K
V V J A L G N K N C U Z S J A
```

ASS CRACK   ASS LICKER
ASS MUNCHER   ASS QUAKE
BACK DOOR   BADONKADONK
BUM HOLE   BUTTHOLE
FIFTH BASE   GREEK SEX
SLOT B   TAILPIPE

Come Around the Back

Puzzle #79

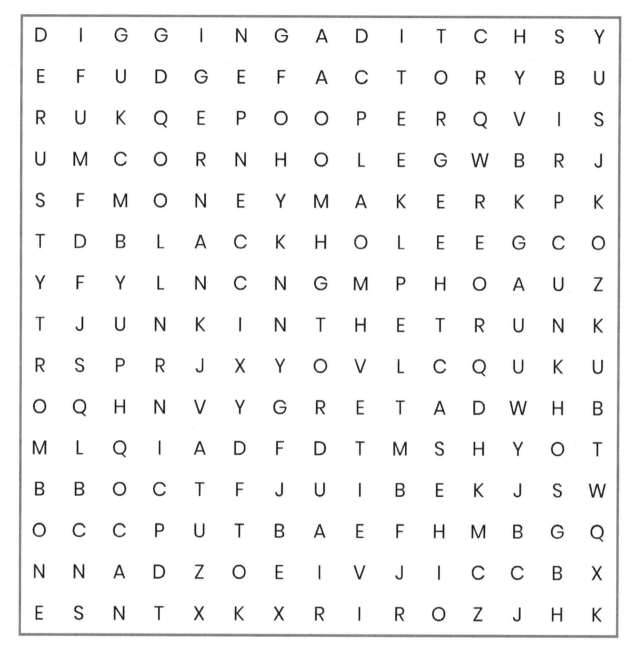

```
D  I  G  G  I  N  G  A  D  I  T  C  H  S  Y
E  F  U  D  G  E  F  A  C  T  O  R  Y  B  U
R  U  K  Q  E  P  O  O  P  E  R  Q  V  I  S
U  M  C  O  R  N  H  O  L  E  G  W  B  R  J
S  F  M  O  N  E  Y  M  A  K  E  R  K  P  K
T  D  B  L  A  C  K  H  O  L  E  E  G  C  O
Y  F  Y  L  N  C  N  G  M  P  H  O  A  U  Z
T  J  U  N  K  I  N  T  H  E  T  R  U  N  K
R  S  P  R  J  X  Y  O  V  L  C  Q  U  K  U
O  Q  H  N  V  Y  G  R  E  T  A  D  W  H  B
M  L  Q  I  A  D  F  D  T  M  S  H  Y  O  T
B  B  O  C  T  F  J  U  I  B  E  K  J  S  W
O  C  C  P  U  T  B  A  E  F  H  M  B  G  Q
N  N  A  D  Z  O  E  I  V  J  I  C  C  B  X
E  S  N  T  X  K  X  R  I  R  O  Z  J  H  K
```

BLACKHOLE

CORNHOLE

DUFF

JUNK IN THE TRUNK

POOPER

RUSTY TROMBONE

BUTT CRACK

DIGGING A DITCH

FUDGE FACTORY

MONEY MAKER

RIM JOB

SHITTER

Come Around the Back

Puzzle #80

```
P A C K I N G F U D G E N I T
H R B D H B Y D Y S H G X Z O
S I I Z D E Z O D H N P N F P
G G I T I H A S J I N X S S V
A N Y R N Y Z D L N E F F A Y
Z N O B G M Z O O L H U V S V
S B S C U E H Z O L F B Y T G
K O I H S N I H K U D S T R W
W H I U R R T C B P H R T O R
U I R O Y R U F B O O T Y N J
V Z C R O F P D U G O U T A L
J G F P T R N Q C V E F B U N
W P D T N X T Z D K O Q Z T X
D B U G R A N D C A N Y O N F
R B P A S S B L O W V B X B H
```

ASS BLOW	ASTRONAUT
BEHYMEN	BOOTY
BUFU	BUTT FUCK
CORNHOLING	DINGUS
DUGOUT	GRAND CANYON
PACKING FUDGE	PORTHOLE

There's Still More

Puzzle #81

```
J F L O P P Y J A L O P Y G U
B Y F C C V J U I Q X D K F M
Y O W C V J H A H W R K U G I
Z D D M N V E G C A A A F A F
V J N M H Z A H H K R C J A G
T W A F B R R S A B E B K L Y
G D Q E T F K F R L I D I E W
A J M N X C L F B O F V U N D
P C U L U I I E T W J R B P W
R C Q S M R K C F S E I D N R
R Z I L L Y A N Q U Q D W H D
S H I T B R E A T H R K Y V Y
H K G G Z M O U O A G R R A O
H S Q M U D D Y D U D D Y H P
E G B O R E D S H I T L E S S
```

BLOWS	BORED SHITLESS
CUNT RAG	DAMN
FLOPPY JALOPY	FURRY
JACKED UP	MILF
MUDDY DUDDY	SHIT BREATH
SUCK SHARD	WACKED

There's Still More

Puzzle #82

```
B  O  G  E  G  A  W  A  N  G  F  A  I  L  G
G  S  R  C  F  B  R  A  Z  Z  E  R  Y  A  T
G  O  B  L  R  S  D  T  C  N  P  H  X  F  K
U  A  A  J  N  U  K  A  H  V  M  O  Q  J  S
A  K  W  S  P  C  N  O  T  O  R  T  Q  X  Q
J  R  Z  H  A  C  Y  K  G  Z  T  D  P  N  N
O  X  M  H  I  P  R  P  U  G  R  A  H  M  F
H  N  W  L  W  S  R  O  L  K  Z  M  T  Q  C
B  S  C  Y  Y  E  K  Z  N  S  X  N  S  U  A
S  H  P  R  Q  D  X  E  A  K  T  P  Y  M  Y
Q  I  V  T  A  K  N  F  Y  M  W  P  B  L  J
H  T  K  F  K  C  H  Q  H  C  K  O  O  K  Y
P  C  N  C  P  N  K  Y  E  T  L  N  W  D  P
O  A  C  L  O  W  N  P  I  E  N  I  X  U  B
D  N  Y  C  Y  W  O  H  Y  P  U  U  T  I  C
```

BRAZZER	CLOWN PIE
CRONK	CRUNK
HOT DAMN	KOOKY
ON CRACK	SHIT CAN
THOT	WANG FAIL
WHACK	WHISKEY CLIT

There's Still More

Puzzle #83

```
B F A N I W J H K K C W N J H
D P D F C C N K T O M R D J B
I C U A B B U X W U S S W H U
N Z V D G A W C T X M B G Y M
G K B V W G L Y K N J M E F B
L D P V J H A L L O T J T U L
E F O O B X A R B G O N X C E
B B C Y O Q S C N U U P X K F
E N W V V P Q D K A S V A R U
R X B G F E Y U K E U T P N C
R V L Q F K R F C Q R T E I K
Y F U C K F E S T I O Y P R U
F U E N H L A M E A S S T H J
L R B Z Y O Y Z D D R O X M V
Q G R E A S E T H E G A S H Q
```

BALL BUSTER	BUMBLE FUCK
CUCKOO	DAGGARNAUT
DINGLEBERRY	FUCK
FUCKFEST	GREASE THE GASH
LAME ASS	POOPY
PUD WHACKER	WUSS

There's Still More

Puzzle #84

```
K X C N C R X T O S W Z H T J
S Y L O J P H M A X G D P Q D
T S Y K Z O I F M U E N S E G
C F B Y M H N S A G S O M T K
X R G I S R O M S V F M B Q Y
Y I O G H A E T D P A Y F M Y
L P D T N O U J P D O X S U O
O O O F C J R S V U D O B F D
E E V W T H I S A C S V R F T
K K M E A R R Z E G H S V D B
X W X Q G N C O I S E P Y I N
C I O L R O G N T Y H F Z V B
W J S P G X O L Z R F I E E E
F Z S T R S P L O O G E T S P
G B K E C T O S S P A S T E T
```

CROTCH ROT	DAMMED
HORSE SHIT	HOT PUSSY
JIZ	LOVE GOO
MUFF DIVE	PISS POOR
SAUSAGE FEST	SPLOOGE
TOSS PASTE	WANG

There's Still More

Puzzle #85

```
Y  R  L  G  S  H  T  J  L  E  U  A  D  E  T
I  V  A  O  Q  O  C  T  U  W  G  Y  Z  E  N
M  T  M  D  S  H  I  T  H  O  U  S  E  F  X
E  H  E  D  I  H  E  U  T  V  N  U  X  U  F
A  A  S  A  S  C  Q  F  S  L  Z  H  P  C  U
T  Q  A  M  M  F  V  L  O  D  F  T  D  K  C
B  H  U  M  C  C  H  U  B  B  L  E  U  W  K
E  D  C  I  E  U  Q  H  A  R  S  J  E  A  I
A  L  E  T  X  B  M  X  P  S  Y  C  Z  R  N
T  I  Y  E  K  H  L  F  A  I  I  P  W  D  G
E  C  B  X  W  E  I  Y  E  U  E  W  O  Z  H
R  E  U  V  F  P  D  S  J  S  V  I  P  U  E
H  K  M  A  N  N  P  Z  S  C  T  I  H  U  L
B  R  K  X  A  M  I  E  R  T  R  O  Q  B  L
H  W  Y  C  C  J  F  S  I  P  S  W  D  H  A
```

CANDY ASSED	CHUBBLE
CUM FEST	DUM SHIT
FUCKING HELL	FUCKWARD
GODDAMMIT	JIZ JUICE
LAME SAUCE	MEAT BEATER
SHIT HOUSE	

There's Still More

Puzzle #86

```
G  E  H  A  N  P  F  K  K  T  V  E  T  A  P
E  Z  X  S  S  H  I  W  S  H  L  S  Y  C  Z
A  S  W  W  M  S  A  E  T  Y  S  H  D  R  R
A  H  P  B  F  O  F  S  Y  Y  U  I  R  U  I
G  I  M  I  Z  P  X  U  A  D  B  T  A  M  N
Q  T  Y  N  A  P  I  J  L  N  U  E  G  M  K
S  C  W  R  G  F  Y  N  S  C  M  A  E  Y  Y
J  A  C  N  N  T  A  K  F  X  R  T  M  E  D
V  N  T  V  S  P  N  H  B  X  A  E  K  P  I
C  N  W  U  M  A  N  K  C  P  P  R  X  D  N
E  E  B  R  Y  G  R  O  W  L  E  R  O  Z  K
R  D  V  K  U  J  J  X  S  Z  M  R  D  M  G
N  D  S  H  C  R  A  P  P  Y  A  S  L  G  O
W  J  I  E  H  T  S  X  D  D  J  Q  I  N  O
W  H  V  P  Q  C  G  S  K  N  J  B  Y  G  B
```

ASSFUL	BUM RAP
BUSTY JAY	CRAPFEST
CRAPPY	CRUMMY
DRAG	GROWLER
MANK	RINKY DINK
SHIT CANNED	SHIT EATER

There's Still More

Puzzle #87

```
N A V B A B Y B A T T E R E A
Z Y C R I P P L E D A S S B K
T A N B V B H B C F T I C E P
T K S B T M E Z J B U O U G S
R P R S Q L P G Q R O N C S O
T L F D D P G W T N V V D O N
S A M O W R P R O E G F S G O
X S K G P R U O P J L U T G F
D P D E S D N N U Q N C I Y A
N U Q U S P O Q K Y G K N M B
K R U G J H U O E M X E K U I
X T B M O W I N D R T D T F T
H C Y Y C R Y T K L F U A F C
Z W E G W Y P B I Y E P N I H
S T T V M B R G O P W E K N Q
```

ASS DRUNK

CRIPPLED ASS

FUCKED UP

SOGGY MUFFIN

SPUNK

STINK TANK

BABY BATTER

FOPDOODLE

NOO NOO

SONOFABITCH

SPURT

TAKE SHIT

There's Still More

Puzzle #88

```
B H G L O R Y T U N N E L D T
S S J R X A G I A Y K Q Q E Q
C P O P A C H U B G S J U R N
H C A V L K R W T H M Q F I A
L W S E D R Z Y N O R R X V M
O O P Y E M H H Y O N X D U I
N B P R V W Q V R K P I P G J
G A R A I V A E A E K B H T F
J K M Q N R G L T R V L B P F
U T Y E G N B F H Q M O B Z Y
I M L Y U E P W V C N U N H F
C E B L Y F M S P K C U Z B T
E A C L T A I R B A G M X E I
B M U D N A S T Y B I T C H M
L I M B E R T I M B E R X P I
```

AIRBAG

CLUNGE

HOOKER

LIMBER TIMBER

POP A CHUB

SCHLONG JUICE

BABY GRAVY

GLORY TUNNEL

KNOB

NASTY BITCH

QUIM

There's Still More

Puzzle #89

```
D T W H A T T H E F U C K W F
T H U E V M A I T D W D E W B
W Y F U C K S S A K E C T E N
Z W L V V V S M E V I F V T S
P B J J P D I G A U N A A D H
U X W P L I B B J Q C M A S I
S D T Z A X C K N E Z O E U T
S V G G W C K M S L D M C T
T K G X E O G A L M H R W K I
E Y F S C D H D U E T L V B N
A A L Q Q S N C H H J M T A G
S L A M B P O C K E T A N L M
E P P I S S F L A P S X R L E
C S S Q C J U C U X Y G T S W
T E N C E D J E Q S T B W K T
```

COCK JUICE	CUMLOAD
FUCKS SAKE	LAMB POCKET
PAWG	PICKLE JAR
PISS FLAPS	PUSS TEASE
SHAME CAVE	SHITTING ME
SUCK BALLS	WHAT THE FUCK

There's Still More

Puzzle #90

```
F J H B U M F I D D L E R N J
G Z Z U L G G D V U H R C O M
L W V H N H J X I V R Y B V L
R T Y I V C N A R C B M T D J
P L F O R X L E H N K A Z M O
Z F B Y Z A K E P B P M G P S
E V H A X N N Y F M A Q I N P
F K P G A W H T Z U K Z G L V
R K G W V T C O A R C N A J K
I E N L W N S Q Q L Q K A Q E
G K F U C K A B L E L R E V C
G C U M G U Z Z L E R I P R E
I L C Y J I S S O M Y B O C C
N L E E L S C Z C D V O K N J
G B E A R D S P L I T T E R Q
```

BEARD SPLITTER

CUM GUZZLER

EFFING

FUCKABLE

KNAVE

UNCLE FUCKER

BUM FIDDLER

DICK MILK

FRIGGING

JISSOM

RANTALLION

WANKER

There's Still More

Puzzle #91

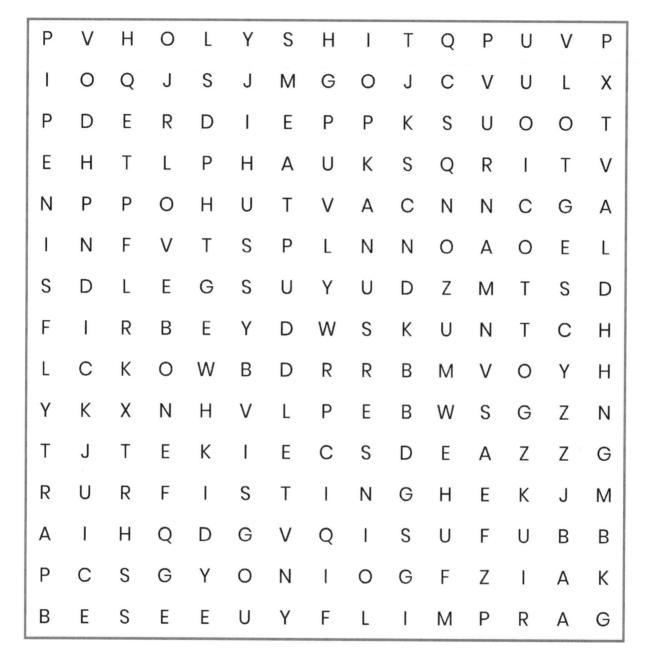

```
P V H O L Y S H I T Q P U V P
I O Q J S J M G O J C V U L X
P D E R D I E P P K S U O O T
E H T L P H A U K S Q R I T V
N P P O H U T V A C N N C G A
I N F V T S P L N N O A O E L
S D L E G S U Y U D Z M T S D
F I R B E Y D W S K U N T C H
L C K O W B D R R B M V O Y H
Y K X N H V L P E B W S G Z N
T J T E K I E C S D E A Z Z G
R U R F I S T I N G H E K J M
A I H Q D G V Q I S U F U B B
P C S G Y O N I O G F Z I A K
B E S E E U Y F L I M P R A G
```

DICK JUICE
HOLY SHIT
LIMP RAG
MEAT PUDDLE
SHAG
SNATCH

FISTING
HUSSY
LOVE BONE
PENIS FLY TRAP
SKUNTCH

There's Still More

Puzzle #92

```
Q  Q  G  Q  S  H  D  S  A  F  M  X  P  J  W
A  T  W  P  I  S  S  E  D  K  B  H  A  Z  Y
V  A  R  B  O  G  N  W  C  N  G  O  C  C  Q
G  D  Y  A  P  V  X  I  N  P  F  R  K  F  M
B  R  Z  E  F  C  D  F  T  H  I  N  O  N  V
P  N  R  M  T  T  R  I  D  K  S  Y  F  E  J
Z  L  S  E  I  Z  B  E  D  A  D  A  S  I  X
B  Y  S  H  J  A  G  O  F  F  R  S  H  M  I
D  E  S  P  X  B  E  A  N  W  O  S  I  K  N
V  K  A  L  R  F  Q  O  K  S  G  I  T  R  F
E  V  H  V  U  O  G  F  S  F  K  O  R  E  O
S  H  W  M  E  O  G  H  G  D  L  E  Y  K  P
W  L  F  N  X  R  C  L  U  N  G  E  E  I  G
F  J  E  L  L  Y  R  O  L  L  K  G  M  T  O
U  N  F  U  C  K  A  B  L  E  N  C  I  A  H
```

BEAN	BEAVER
CLUNGE	HORNY ASS
JAGOFF	JELLY ROLL
PACK OF SHIT	PISSED
SHIT DICK	SKEET
SPROG	UNFUCKABLE

There's Still More

Puzzle #93

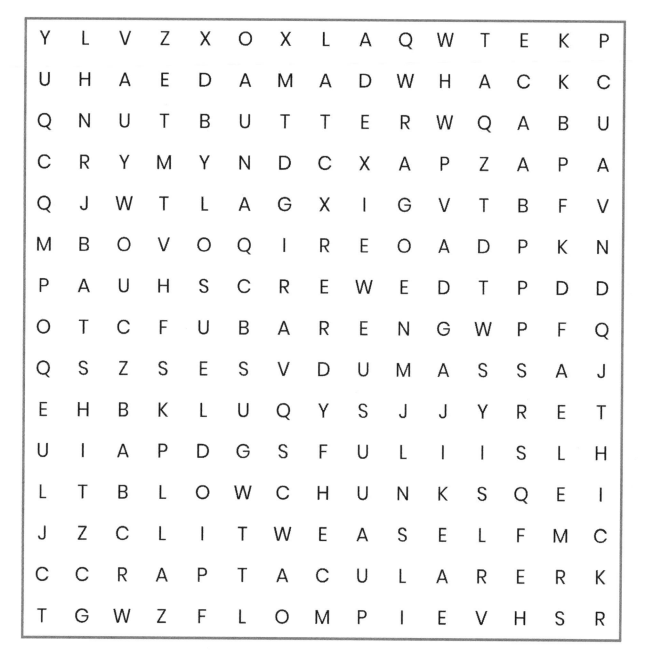

```
Y L V Z X O X L A Q W T E K P
U H A E D A M A D W H A C K C
Q N U T B U T T E R W Q A B U
C R Y M Y N D C X A P Z A P A
Q J W T L A G X I G V T B F V
M B O V O Q I R E O A D P K N
P A U H S C R E W E D T P D D
O T C F U B A R E N G W P F Q
Q S Z S E S V D U M A S S A J
E H B K L U Q Y S J J Y R E T
U I A P D G S F U L I I S L H
L T B L O W C H U N K S Q E I
J Z C L I T W E A S E L F M C
C C R A P T A C U L A R E R K
T G W Z F L O M P I E V H S R
```

BAT SHIT
CHOAD
CRAPTACULAR
FLOMPIE
MAD WHACK
SCREWED

BLOW CHUNKS
CLIT WEASEL
DUMASS
FUBAR
NUT BUTTER
THICK

There's Still More

Puzzle #94

```
S  J  C  X  O  C  U  U  H  H  C  K  J  Q  H
D  L  L  U  I  B  W  W  O  A  L  E  X  K  P
N  W  I  O  B  L  H  S  Y  N  G  L  N  D  N
X  X  T  T  P  S  B  J  C  N  F  M  B  O  O
T  F  L  A  I  U  E  I  P  A  S  A  P  C
F  J  I  G  W  U  S  M  V  I  A  R  S  E  L
B  L  C  H  V  Z  Q  S  N  L  E  L  T  F  W
I  A  K  N  O  I  S  A  E  S  M  O  A  I  D
N  B  E  L  G  A  N  P  S  D  V  B  R  E  M
A  E  R  S  B  U  Y  O  L  T  O  H  D  N  S
G  E  X  M  P  E  T  E  I  O  E  F  O  D  T
E  E  U  X  T  P  Y  E  R  Q  N  X  F  A  V
B  D  S  Y  M  N  Z  S  S  S  W  K  V  O  R
A  A  B  B  B  E  L  L  E  N  D  V  E  Y  M
Z  H  P  M  B  T  D  T  N  B  N  Z  O  R  W
```

BASTARD	BELLEND
CLIT LICKER	DOPE FIEND
DUMB ASS	GASH
LABE	MINGE
PISSED OFF	PLONKER
PUNANI	TOSSER

Mild Alternatives

Puzzle #95

```
S H N O O K E R D O O K I E S
X E G E E W I L L I K E R S D
L E A P I N G L I Z A R D S Z
K F R A G G L E R O C K H T T
U B F R A T T U R D S G S I H
C R U D B U C K E T S E D S U
Z P M L F X Q Q H B I U A S T
X B U L L S P I T R R D N I U
R J Z M H S H J P C R E A O M
K K U S B H P S K E O I A L U
P B Y V G B A I D L J F K P V
B O F U S D Z L T A X Q M L V
G H E O U E A M V B H S R M D
E F R J J B Q G L D P P V M K
W E W H A T T H E F O R K F J
```

BALDERDASH   BULLSPIT
CRUD   CRUD BUCKET
FRAGGLE ROCK   GEE WILLIKERS
JUDAS PRIEST   LEAPING LIZARDS
RAT TURDS   SHNOOKERDOOKIES
WHAT THE FORK

Mild Alternatives

Puzzle #96

```
C  H  E  E  S  E  A  N  D  R  I  C  E  I  Q
R  E  T  O  X  C  N  S  C  Z  D  E  V  R  M
L  G  C  Z  H  U  S  L  S  A  Y  Z  A  O  O
S  S  E  R  H  S  X  T  Q  X  T  G  F  V  T
H  P  I  E  A  P  N  R  P  B  P  B  Y  L  H
I  D  F  V  W  P  X  A  J  U  O  I  Y  W  E
Z  K  R  N  L  H  T  S  P  H  O  E  H  C  R
N  C  A  A  P  Z  I  A  D  F  K  A  O  P  F
I  B  P  O  T  S  U  Z  S  R  D  T  L  P  A
T  U  T  D  C  Y  J  I  A  T  R  D  Y  T  T
Z  U  D  B  P  V  Z  L  F  F  I  E  C  D  H
C  R  A  P  O  L  A  W  R  D  C  C  O  T  E
T  W  J  W  R  M  Z  E  X  N  B  W  W  Q  R
P  F  E  M  O  S  O  N  O  F  A  G  U  N  S
L  C  A  E  S  A  R  S  G  H  O  S  T  Q  G
```

CAESARS GHOST
CRAPOLA
DRAT
HOLY COW
MOTHER FATHERS
SHIZNIT

CHEESE AND RICE
CRAPTASTIC
GEE WHIZ!
MALARKEY
OH SNAP
SON OF A GUN

Mild Alternatives

Puzzle #97

```
I  T  L  T  E  Y  D  S  P  P  G  C  L  W  D
P  H  D  C  G  R  J  V  Z  B  C  U  J  I  P
T  E  U  W  H  O  K  S  Y  Z  E  R  B  S  W
R  P  V  H  R  E  S  W  I  X  I  X  M  K  E
M  I  K  O  N  T  E  H  O  D  G  R  X  R  C
Z  T  Z  O  C  Y  H  S  D  A  Q  H  K  C  U
X  S  R  P  B  B  L  O  E  A  I  F  A  A  G
Q  S  H  I  L  I  O  F  M  W  R  R  R  X  T
G  H  R  R  D  W  T  Y  G  E  H  N  B  J  O
A  U  G  M  I  P  T  E  I  L  R  I  I  A  O
G  C  B  R  P  F  R  I  S  K  Y  U  Z  T  G
C  K  B  L  I  M  E  Y  D  V  X  X  N  S  C
B  S  Q  J  M  S  N  O  O  D  L  E  Z  L  H
Y  T  M  E  R  L  I  N  S  P  A  N  T  S  C
W  K  V  L  E  J  T  L  O  K  S  X  F  O  X
```

AIR BAG	BITES
BLIMEY	CHEESE WHIZ
FRISKY	GOSH DARN IT
HOME RUN	MERLINS PANTS
SHUCKS	SNOODLE
THE PITS	WHOOPI

Mild Alternatives

Puzzle #98

```
J R Q D X N V G B H E L F D B
X W V I D A N G R A B B I T Y
A S O N O F A B U C K E T S S
I U E G O F P V B L T G T I F
Q H N B P O S F L C N E J C S
J T R A I O Q I K I B F E E N
R P C T A R H M K S L M K F E
M U R W S M N C N I S O H G B
H I A E A Y A E K S M S X G O
U H P S A R V M E S I R P J D
F W P N F A N N Y B J B I K R
T I I U E F D L B B M Y B M X
J H T H J O O U D X P A P P M
B Z Y S O H R O D E Z L K E Y
M W Z G O M C O R N N U T S X
```

CORNNUTS

CRAPPITY

DANG RABBIT

DING BAT

FANNY

FRACKING

GOODNESS ME

HEAVENS BETSY

HOLY SMOKES

RUBBISH

SAM HILL

SON OF A BUCKET

Mild Alternatives

Puzzle #99

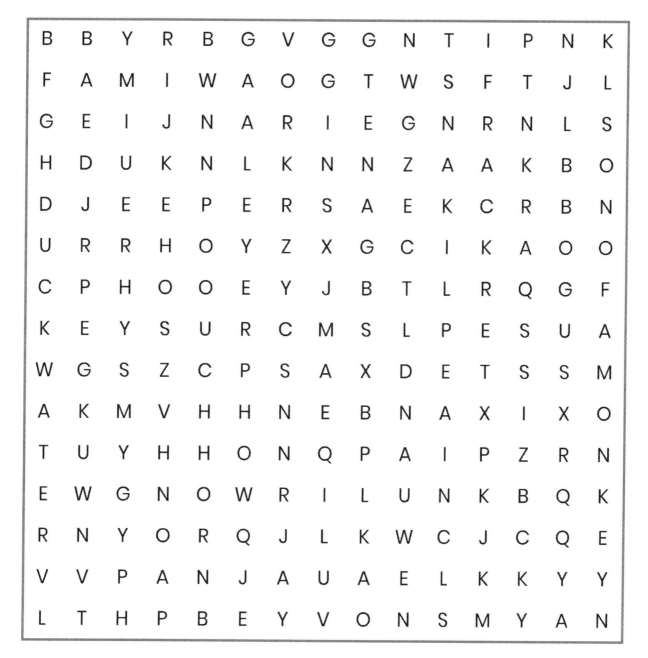

```
B  B  Y  R  B  G  V  G  G  N  T  I  P  N  K
F  A  M  I  W  A  O  G  T  W  S  F  T  J  L
G  E  I  J  N  A  R  I  E  G  N  R  N  L  S
H  D  U  K  N  L  K  N  N  Z  A  A  K  B  O
D  J  E  E  P  E  R  S  A  E  K  C  R  B  N
U  R  R  H  O  Y  Z  X  G  C  I  K  A  O  O
C  P  H  O  O  E  Y  J  B  T  L  R  Q  G  F
K  E  Y  S  U  R  C  M  S  L  P  E  S  U  A
W  G  S  Z  C  P  S  A  X  D  E  T  S  S  M
A  K  M  V  H  H  N  E  B  N  A  X  I  X  O
T  U  Y  H  H  O  N  Q  P  A  I  P  Z  R  N
E  W  G  N  O  W  R  I  L  U  N  K  B  Q  K
R  N  Y  O  R  Q  J  L  K  W  C  J  C  Q  E
V  V  P  A  N  J  A  U  A  E  L  K  K  Y  Y
L  T  H  P  B  E  Y  V  O  N  S  M  Y  A  N
```

BARNACLES

DUCK WATER

HORSE PUCKY

PHOOEY

SCHNIKES

BOGUS

FRACK

JEEPERS

POO ON A STICK

SON OF A MONKEY

Mild Alternatives

Puzzle #100

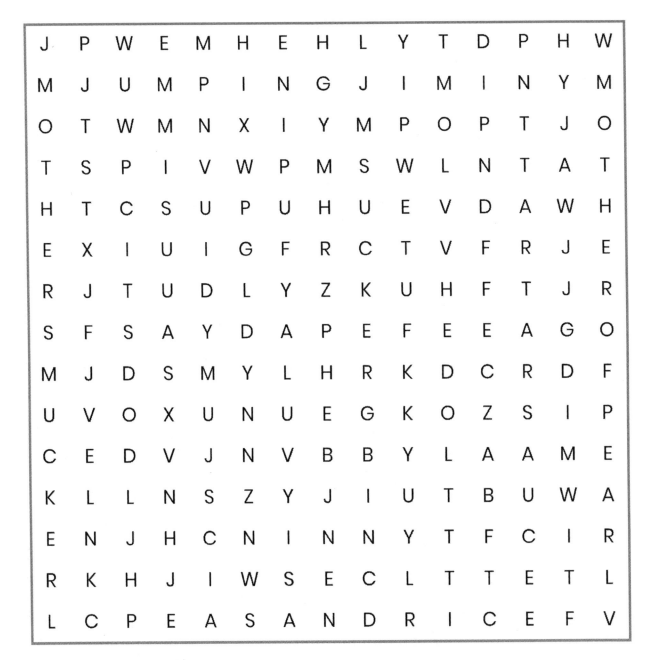

DADGUMMIT

DOLT

MOTHER OF PEARL

NINNY

SCUDDLE BUTT

TARTAR SAUCE

DIMWIT

JUMPING JIMINY

MOTHERSMUCKER

PEAS AND RICE

SUCKER

Mild Alternatives

Puzzle #101

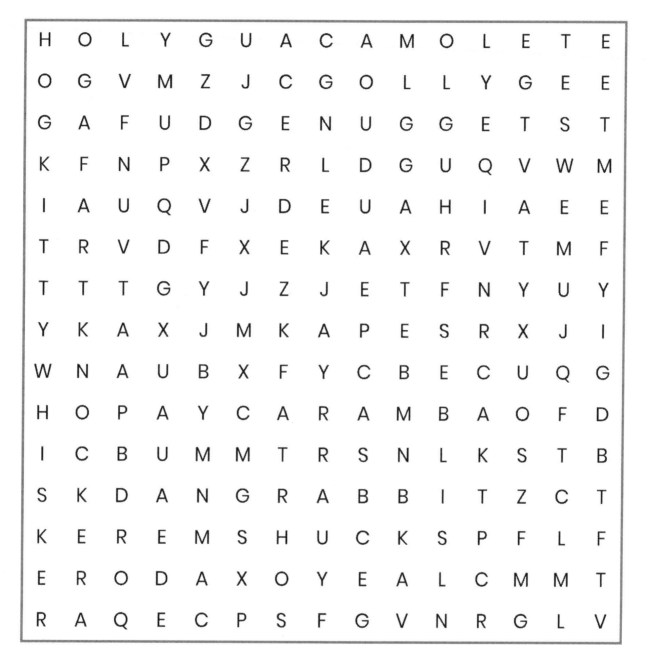

```
H  O  L  Y  G  U  A  C  A  M  O  L  E  T  E
O  G  V  M  Z  J  C  G  O  L  L  Y  G  E  E
G  A  F  U  D  G  E  N  U  G  G  E  T  S  T
K  F  N  P  X  Z  R  L  D  G  U  Q  V  W  M
I  A  U  Q  V  J  D  E  U  A  H  I  A  E  E
T  R  V  D  F  X  E  K  A  X  R  V  T  M  F
T  T  T  G  Y  J  Z  J  E  T  F  N  Y  U  Y
Y  K  A  X  J  M  K  A  P  E  S  R  X  J  I
W  N  A  U  B  X  F  Y  C  B  E  C  U  Q  G
H  O  P  A  Y  C  A  R  A  M  B  A  O  F  D
I  C  B  U  M  M  T  R  S  N  L  K  S  T  B
S  K  D  A  N  G  R  A  B  B  I  T  Z  C  T
K  E  R  E  M  S  H  U  C  K  S  P  F  L  F
E  R  O  D  A  X  O  Y  E  A  L  C  M  M  T
R  A  Q  E  C  P  S  F  G  V  N  R  G  L  V
```

AY CARAMBA

DARN

FUDGE NUGGETS

GREAT SCOTT

KITTY WHISKER

DANG RABBIT

FART KNOCKER

GOLLY GEE

HOLY GUACAMOLE

SHUCKS

BONUS - Spanish Cuss Words

Puzzle #102

```
T  H  I  C  A  B  R  O  N  L  K  X  C  B  M
G  I  M  D  L  V  D  O  S  N  F  C  R  P  Q
N  J  Y  Z  G  Z  F  R  C  E  R  Z  O  U  I
M  O  F  H  C  M  N  D  C  W  J  L  M  T  R
T  E  B  P  I  V  J  N  N  I  U  C  E  A  X
I  P  I  J  J  O  D  E  R  C  A  C  S  B  N
P  U  C  R  W  D  D  O  W  D  I  H  J  W  M
P  T  H  W  Q  S  J  P  U  S  I  I  V  L  G
P  A  O  S  K  E  F  N  F  R  N  N  J  M  I
W  C  H  I  D  U  R  C  A  Y  Z  G  C  I  P
A  M  E  N  F  E  X  L  H  X  E  A  T  E  H
C  D  E  E  U  L  L  C  K  T  L  D  F  R  Q
D  P  W  C  G  O  S  P  T  V  Y  A  R  D  W
N  H  D  X  F  X  G  U  S  E  G  H  H  A  U
L  Y  D  C  H  I  N  G  A  R  K  P  S  Q  K
```

BICHO	CABRON
CHINGADA	CHINGAR
CUERNUDA	CULO
FOLLAR	HIJOEPUTA
JODER	MIERDA
PENDEJO	PUTA

BONUS - Italian Cuss Words

Puzzle #103

```
Q  E  U  V  X  E  Y  G  C  A  Z  Z  A  T  A
C  T  L  C  A  G  A  C  A  Z  Z  O  S  S  Y
I  E  I  X  T  S  B  V  E  D  W  F  H  O  G
J  F  Y  E  N  T  J  A  P  B  M  U  M  P  P
X  N  Z  G  U  R  T  F  O  X  F  B  B  U  O
Q  Y  Y  L  W  O  E  F  R  P  W  A  B  T  M
F  L  I  B  K  N  T  A  C  C  V  S  O  T  P
Y  O  C  X  G  Z  T  N  O  E  I  T  E  A  I
K  J  N  O  W  O  E  C  G  P  K  A  N  N  N
T  G  N  G  R  E  Y  U  I  U  R  R  D  I  A
J  H  D  M  O  N  V  L  U  T  O  D  C  E  R
K  X  H  Z  U  U  U  O  D  T  R  O  Z  R  A
J  U  S  A  A  D  L  T  A  A  K  F  O  E  J
S  Y  U  A  N  T  W  T  O  N  I  Q  P  C  N
K  W  E  M  W  Q  D  K  Q  A  A  D  P  F  N
```

BASTARDO	CAGA CAZZO
CAZZATA	CORNUTO
FONGOUL	POMPINARA
PORCO GIUDA	PUTTANA
PUTTANIERE	STRONZO
TETTE	VAFFANCULO

BONUS - Irish Cuss Words

Puzzle #104

```
I  O  X  Q  G  B  H  U  G  X  P  A  I  M  U
G  C  E  E  J  I  T  Y  P  N  A  G  Y  B  R
F  V  F  J  S  H  I  B  O  T  M  S  R  E  J
W  Z  Q  W  G  I  S  L  U  R  S  H  T  J  K
L  B  L  L  O  F  R  C  T  U  R  I  J  Z  I
I  Y  Y  V  W  R  S  O  H  E  H  P  G  I  Y
C  E  P  G  L  M  P  N  K  S  Z  A  V  C  Q
K  H  O  B  R  V  Q  C  B  H  B  C  X  W  B
A  B  Q  O  I  Q  E  O  K  E  S  U  K  J  T
R  W  O  Q  J  F  G  B  E  F  Q  A  T  G  C
S  H  R  U  U  T  U  G  N  L  Y  M  Z  M  C
E  N  P  N  Z  O  D  R  Y  S  H  I  T  E  K
W  L  H  N  M  O  L  A  Z  Y  H  O  L  E  X
D  S  H  I  G  L  X  V  C  I  K  W  I  Q  Z
W  B  J  O  J  J  N  R  P  Q  Z  B  T  U  L
```

DRYSHITE	EEJIT
FECKER	GEEBAG
GOBSHITE	GOWL
HOOR	HUSSY
LAZYHOLE	LICKARSE
SCUT	TOOL

BONUS - British Cuss Words

Puzzle #105

O	T	A	K	I	N	G	T	H	E	P	I	S	S	U
L	R	C	O	C	K	W	O	M	B	L	E	C	Z	N
V	V	M	F	B	V	N	S	U	C	Q	Q	S	H	M
B	M	E	D	T	P	D	L	U	Z	K	I	W	Z	A
P	O	Z	O	J	X	Y	B	R	I	R	F	P	G	H
N	U	L	C	L	E	S	E	U	H	U	O	Q	V	W
J	L	S	L	S	H	G	B	R	G	K	A	C	N	P
G	H	B	R	O	N	T	W	U	R	G	G	N	K	Z
P	Y	A	F	I	C	O	J	E	W	W	E	B	B	C
O	O	G	M	N	C	K	B	H	G	Y	T	R	G	B
Y	T	M	V	T	Z	C	S	G	O	S	W	E	L	P
V	H	H	F	G	R	F	G	O	R	M	L	E	S	S
M	Q	A	I	V	R	A	T	A	R	S	E	D	Y	O
R	D	A	R	S	E	H	O	L	E	L	X	G	O	N
G	K	D	B	L	O	O	D	Y	H	E	L	L	T	X

ARSE	ARSEHOLE
BERK	BLOODY HELL
BOLLOCKS	BUGGER
COCK WOMBLE	DAFT COW
GORMLESS	MINGER
RAT ARSED	TAKING THE PISS

BONUS - French Cuss Words

Puzzle #106

```
G  Q  D  K  D  I  W  X  N  V  E  W  I  O  M
H  I  V  E  P  E  Q  Z  A  R  E  T  C  N  D
U  L  P  I  D  T  F  W  P  Y  H  C  B  O  C
U  A  V  R  Q  F  U  S  E  A  B  V  F  Y  W
S  F  E  Y  T  C  A  S  S  E  T  O  I  L  L
D  M  I  M  P  U  T  E  I  I  Y  J  E  Y  K
B  R  I  L  C  S  S  A  L  O  P  E  T  L
V  R  V  L  S  O  A  P  Y  U  D  D  A  W  I
P  Q  A  P  P  D  U  C  Z  T  X  A  H  S  E
R  U  O  N  J  O  E  I  Y  C  V  I  J  A  W
X  P  T  K  L  B  U  P  L  V  F  P  L  L  Y
M  W  I  A  M  E  O  F  U  L  U  A  Q  A  D
K  N  Y  Y  I  O  U  G  F  T  E  A  P  U  C
T  I  T  T  M  N  I  R  J  E  E  S  Y  D  R
G  G  A  R  C  E  N  C  U  L  E  R  B  K  Q
```

BRANLEUR	CASSE TOI
COUILLES	ENCULER
FILS DE PUTE	GARCE
MERDE	POUFFE
PUTAIN	PUTE
SALAUD	SALOPE

Puzzle #1 - Solution

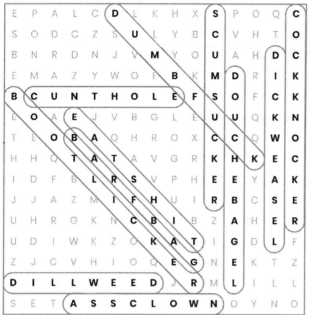

Puzzle #2 - Solution

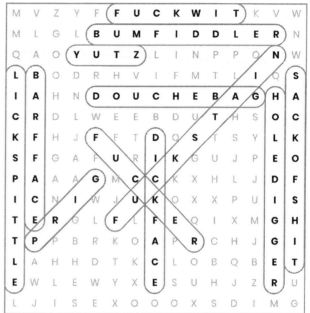

Puzzle #3 - Solution

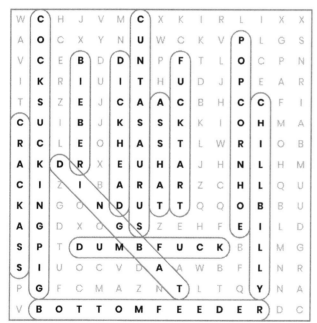

Puzzle #4 - Solution

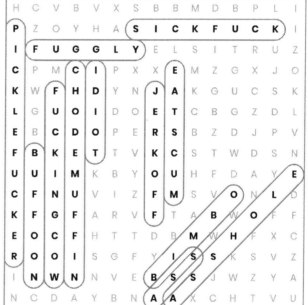

Page 107

Puzzle #5 - Solution

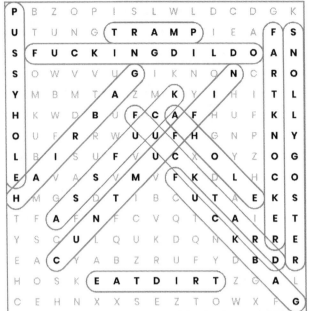

Puzzle #6 - Solution

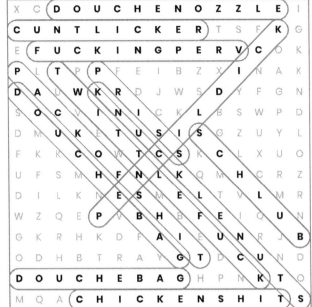

Puzzle #7 - Solution

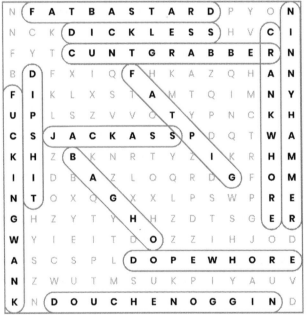

Puzzle #8 - Solution

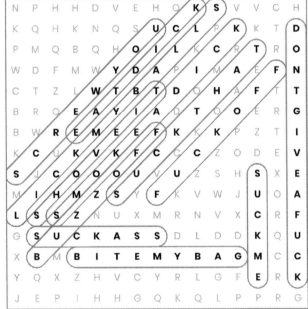

Puzzle #9 – Solution

Puzzle #10 – Solution

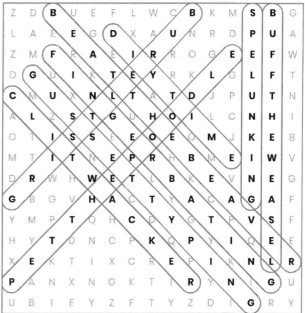

Puzzle #11 – Solution

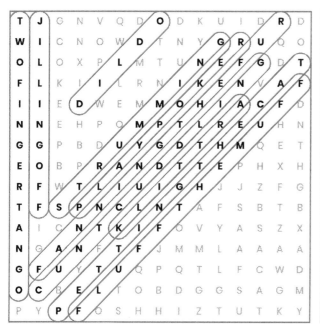

Puzzle #12 – Solution

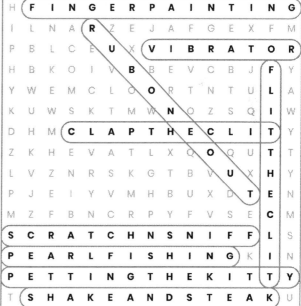

Puzzle #13 - Solution

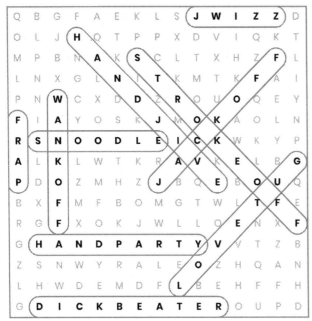

Puzzle #14 - Solution

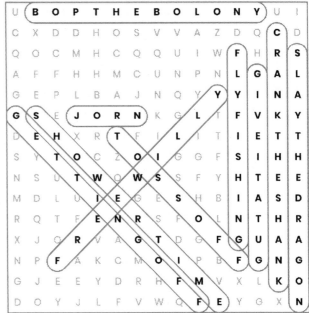

Puzzle #15 - Solution

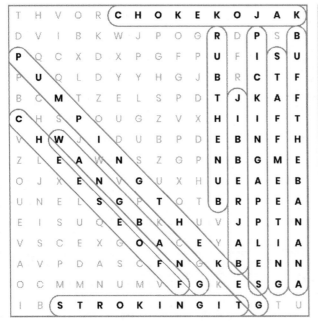

Puzzle #16 - Solution

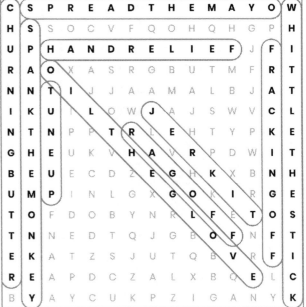

Puzzle #17 – Solution

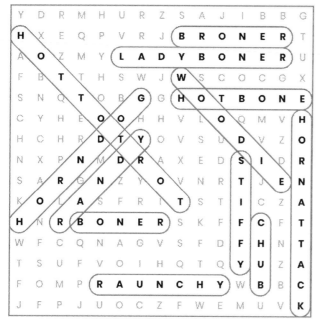

Puzzle #18 – Solution

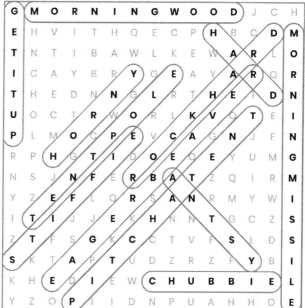

Puzzle #19 – Solution

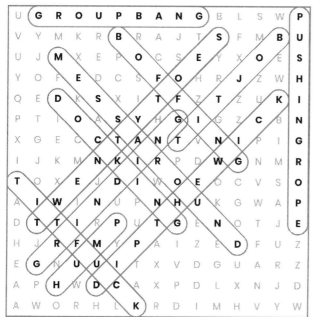

Puzzle #20 – Solution

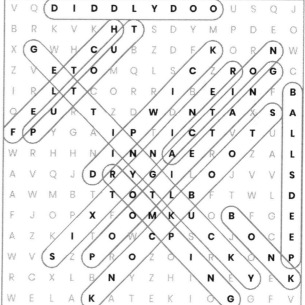

Puzzle #21 - Solution

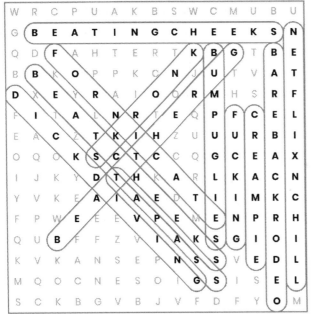

Puzzle #22 - Solution

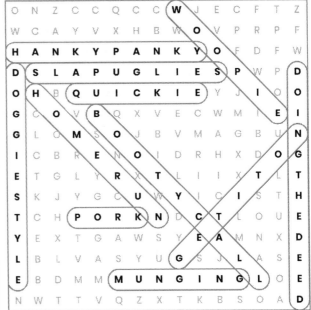

Puzzle #23 - Solution

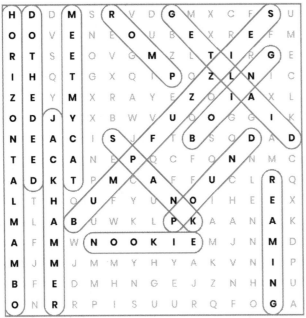

Puzzle #24 - Solution

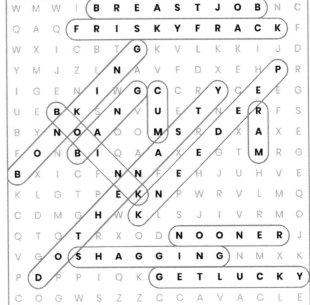

Puzzle #25 - Solution

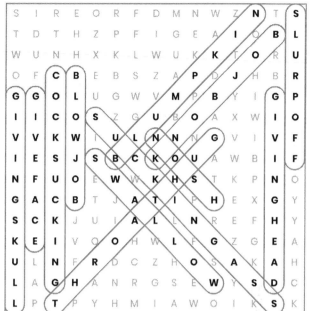

Puzzle #26 - Solution

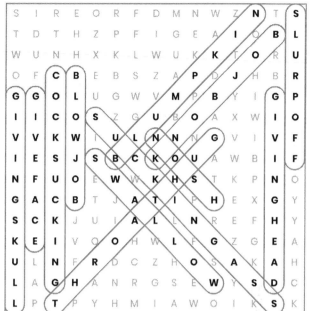

Puzzle #27 - Solution

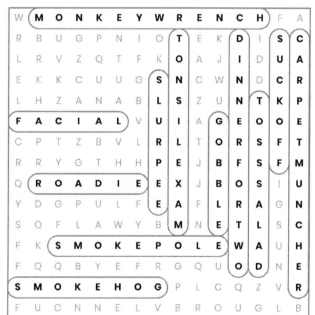

Puzzle #28 - Solution

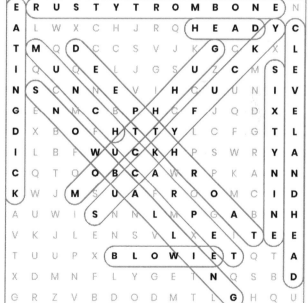

Puzzle #29 - Solution

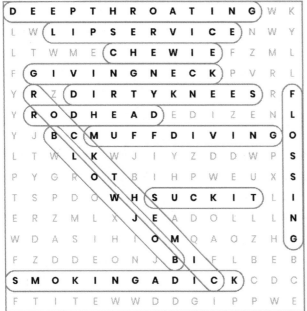

Puzzle #30 - Solution

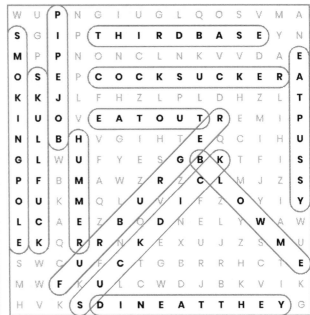

Puzzle #31 - Solution

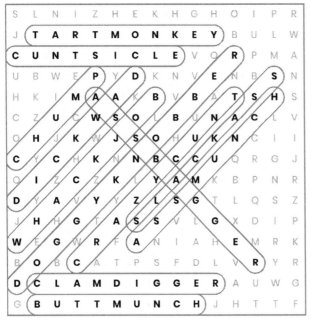

Puzzle #32 - Solution

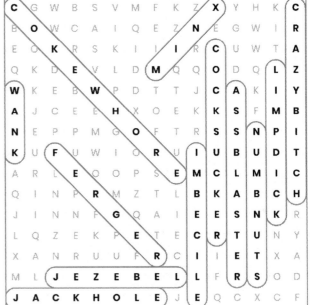

Page 114

Puzzle #33 - Solution

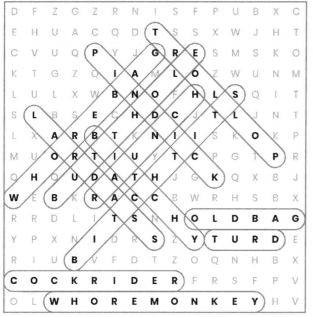

Puzzle #34 - Solution

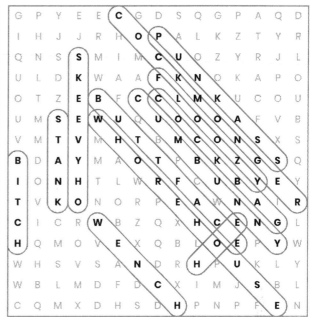

Puzzle #35 - Solution

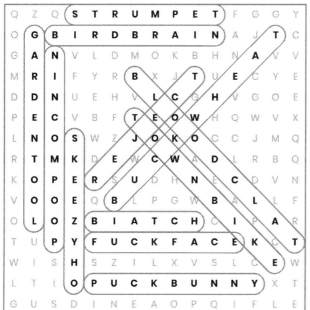

Puzzle #36 - Solution

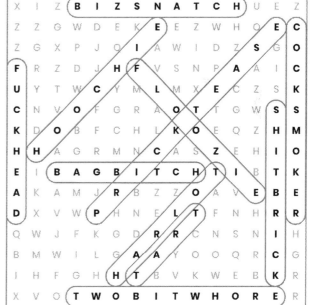

Puzzle #37 - Solution

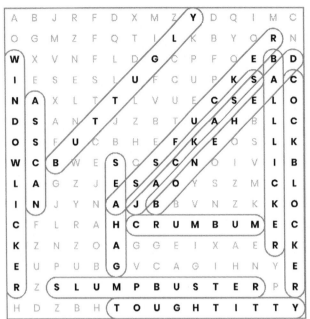

Puzzle #38 - Solution

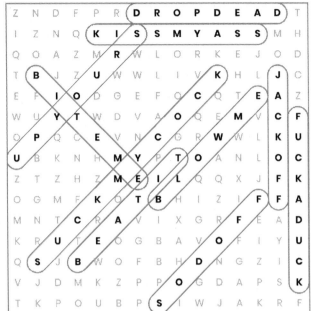

Puzzle #39 - Solution

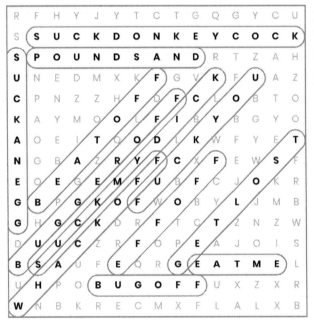

Puzzle #40 - Solution

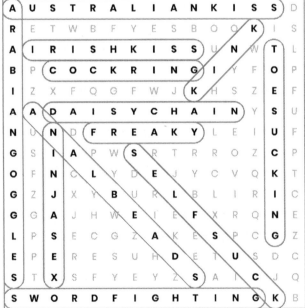

Puzzle #41 – Solution

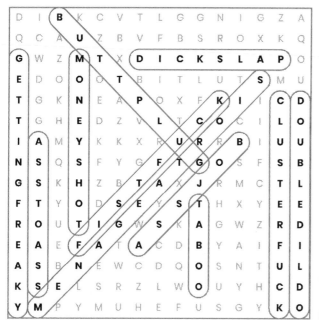

Puzzle #42 – Solution

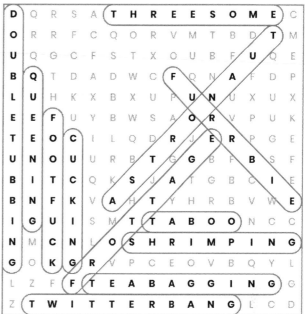

Puzzle #43 – Solution

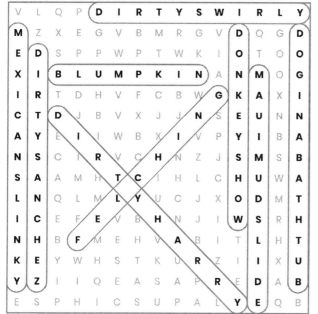

Puzzle #44 – Solution

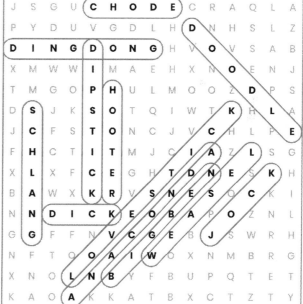

Puzzle #45 - Solution

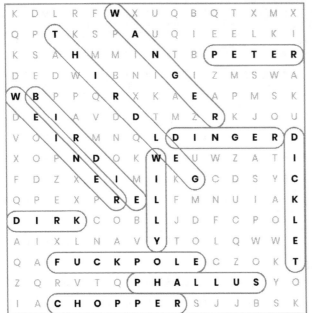

Puzzle #46 - Solution

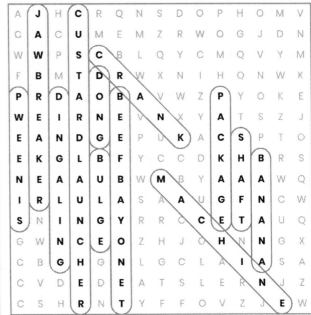

Puzzle #47 - Solution

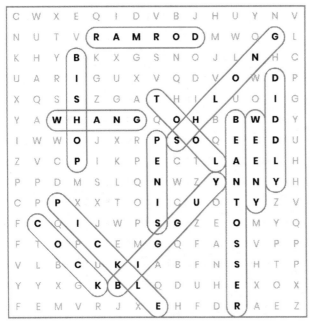

Puzzle #48 - Solution

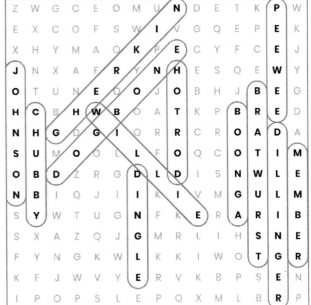

Puzzle #49 - Solution

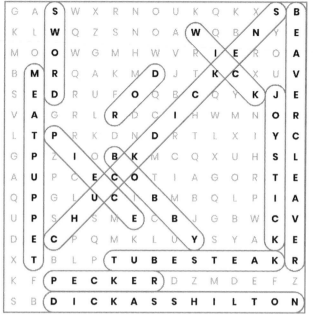

Puzzle #50 - Solution

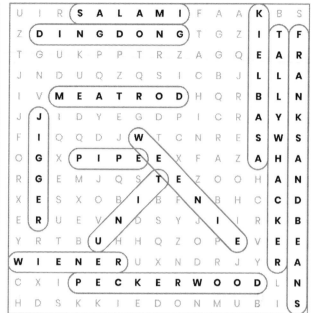

Puzzle #51 - Solution

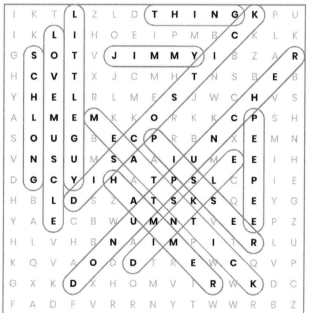

Puzzle #52 - Solution

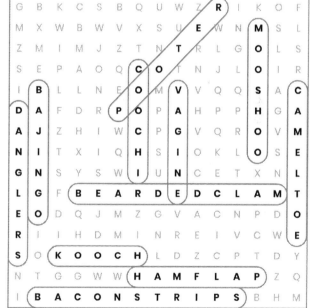

Puzzle #53 - Solution

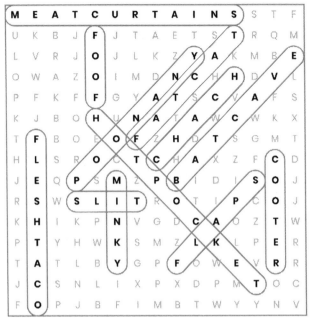

Puzzle #54 - Solution

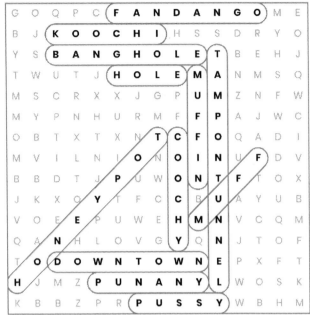

Puzzle #55 - Solution

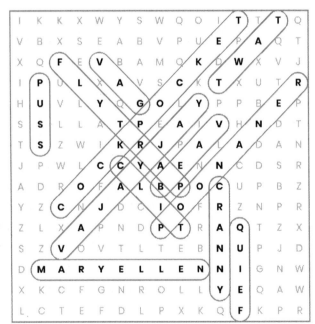

Puzzle #56 - Solution

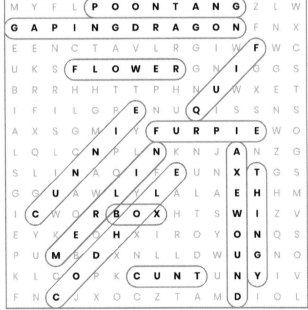

Puzzle #57 - Solution

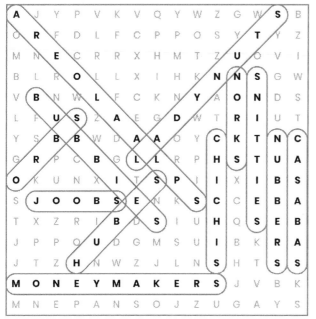

Puzzle #58 - Solution

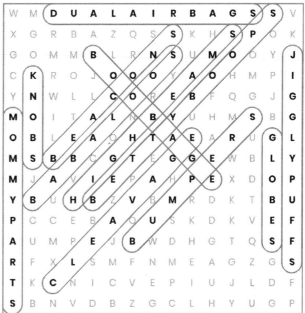

Puzzle #59 - Solution

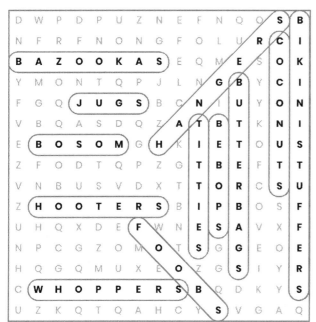

Puzzle #60 - Solution

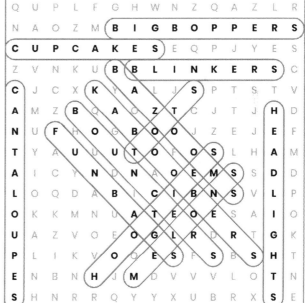

Puzzle #61 – Solution

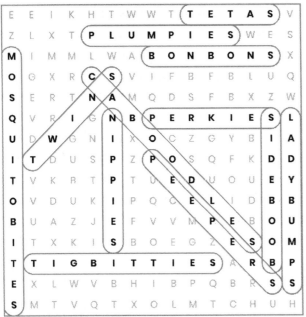

Puzzle #62 – Solution

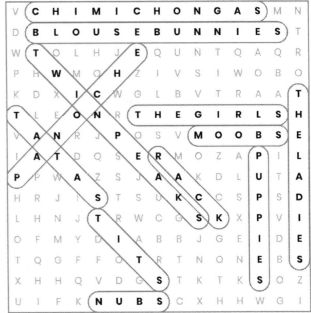

Puzzle #63 – Solution

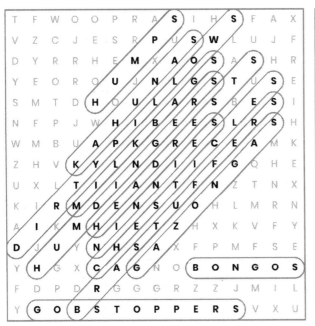

Puzzle #64 – Solution

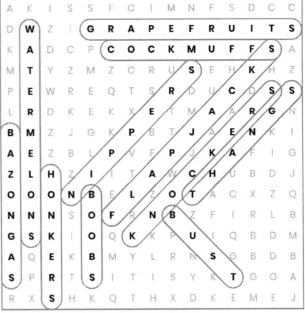

Puzzle #65 – Solution

Puzzle #66 – Solution

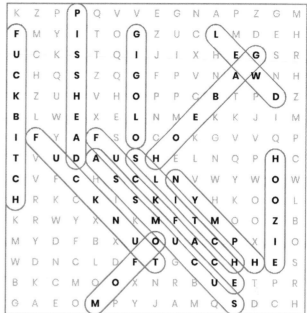

Puzzle #67 – Solution

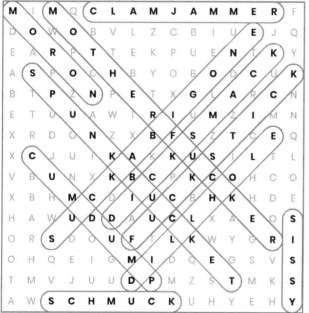

Puzzle #68 – Solution

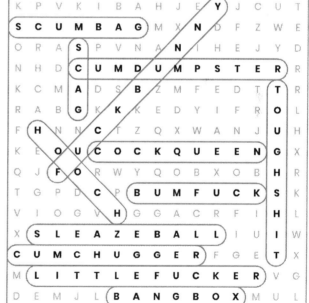

Puzzle #69 – Solution

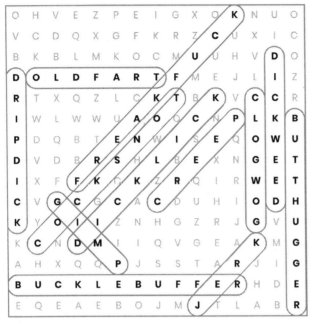

Puzzle #70 – Solution

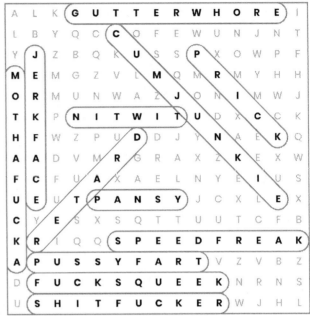

Puzzle #71 – Solution

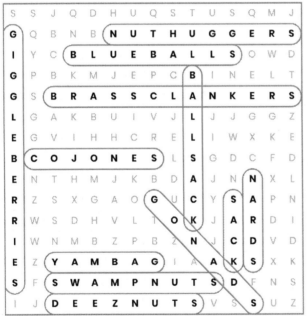

Puzzle #72 – Solution

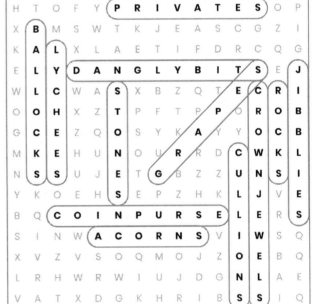

Puzzle #73 - Solution

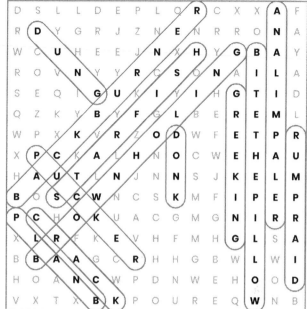

Puzzle #74 - Solution

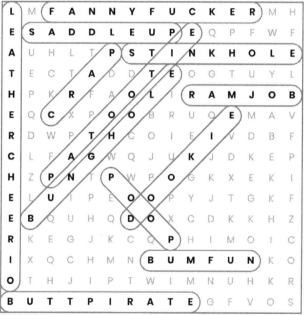

Puzzle #75 - Solution

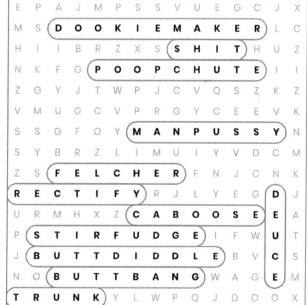

Puzzle #76 - Solution

Puzzle #77 - Solution

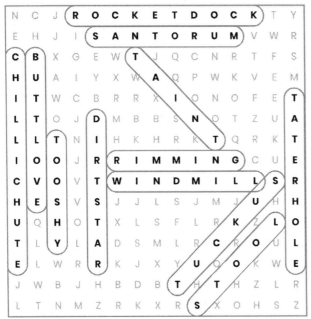

Puzzle #78 - Solution

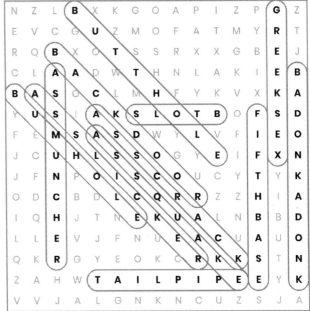

Puzzle #79 - Solution

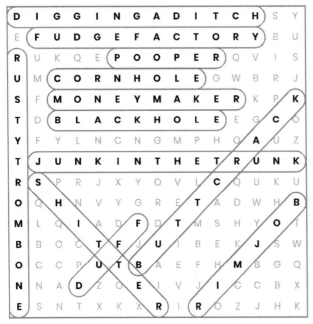

Puzzle #80 - Solution

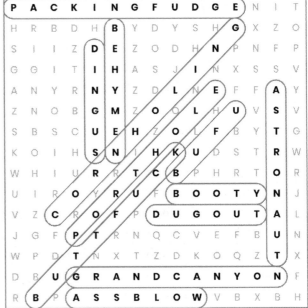

Puzzle #81 - Solution

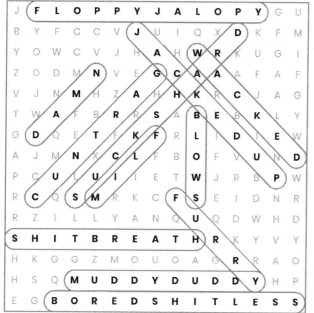

Puzzle #82 - Solution

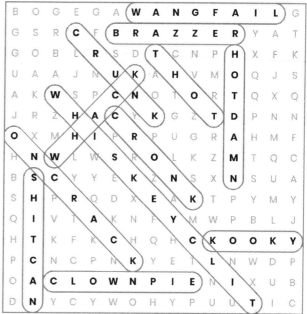

Puzzle #83 - Solution

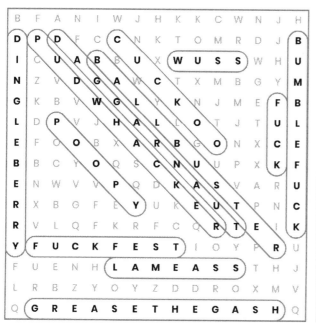

Puzzle #84 - Solution

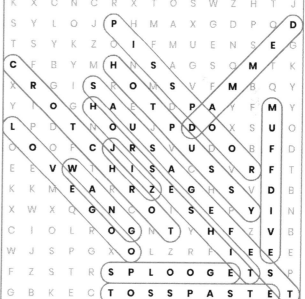

Puzzle #85 – Solution

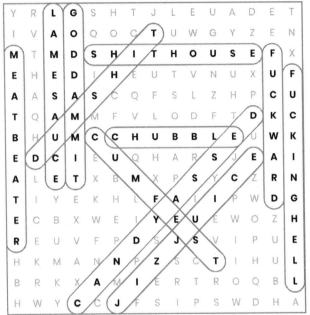

Puzzle #86 – Solution

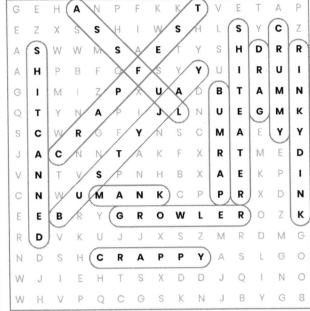

Puzzle #87 – Solution

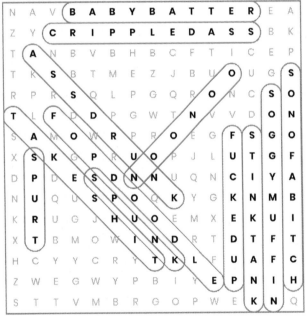

Puzzle #88 – Solution

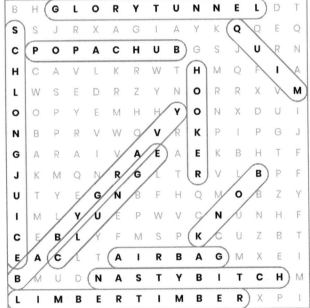

Puzzle #89 – Solution

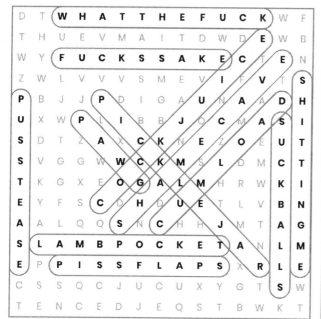

Puzzle #90 – Solution

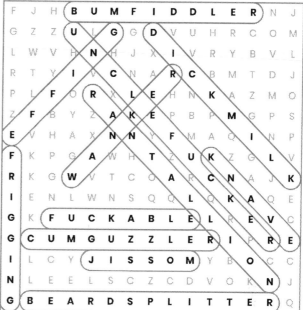

Puzzle #91 – Solution

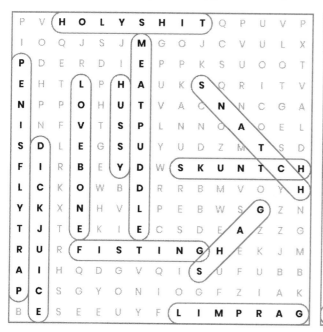

Puzzle #92 – Solution

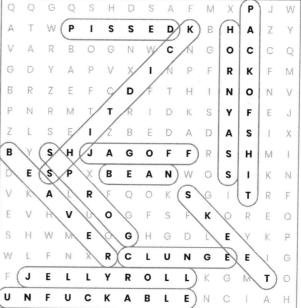

Puzzle #93 - Solution

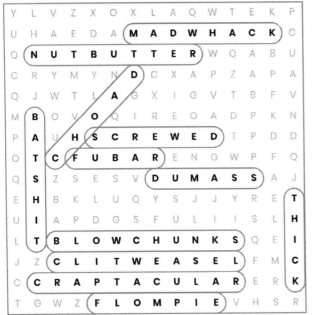

Puzzle #94 - Solution

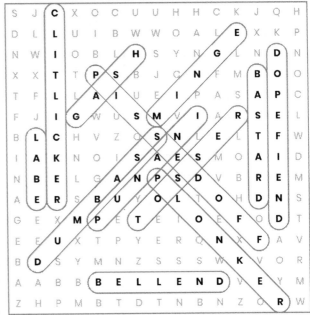

Puzzle #95 - Solution

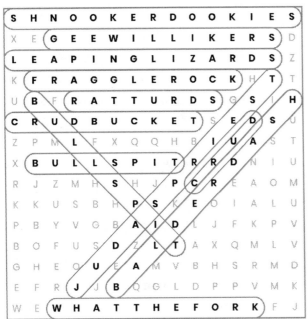

Puzzle #96 - Solution

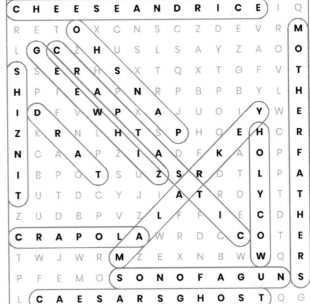

Puzzle #97 – Solution

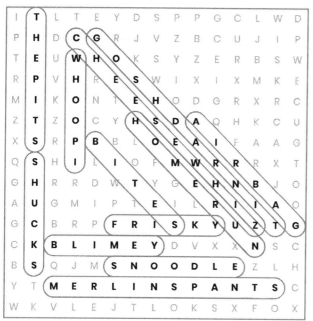

Puzzle #98 – Solution

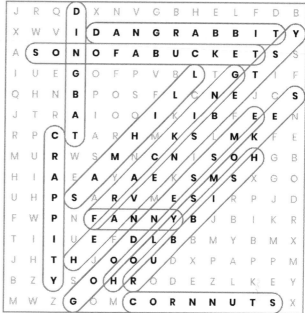

Puzzle #99 – Solution

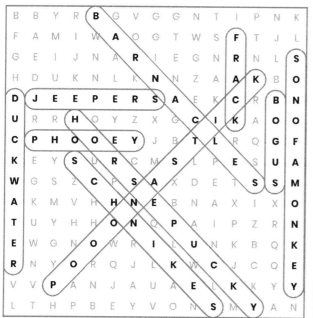

Puzzle #100 – Solution

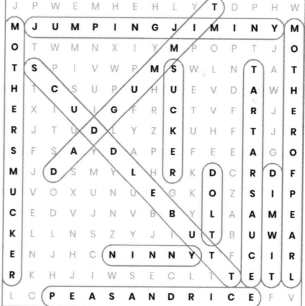

Puzzle #101 – Solution

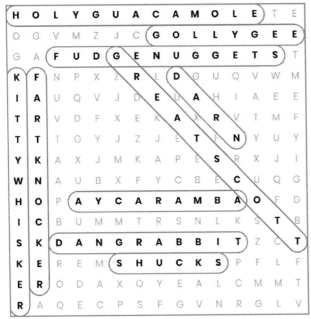

Puzzle #102 – Solution

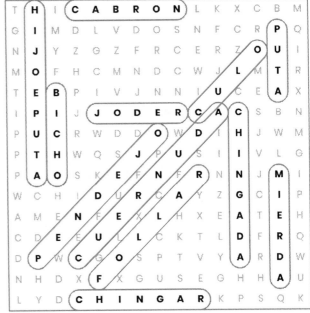

Puzzle #103 – Solution

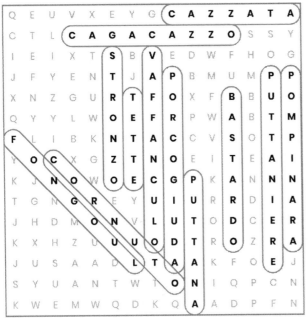

Puzzle #104 – Solution

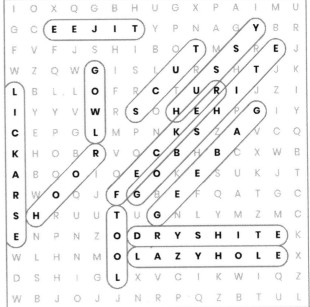

Puzzle #105 - Solution

Puzzle #106 - Solution

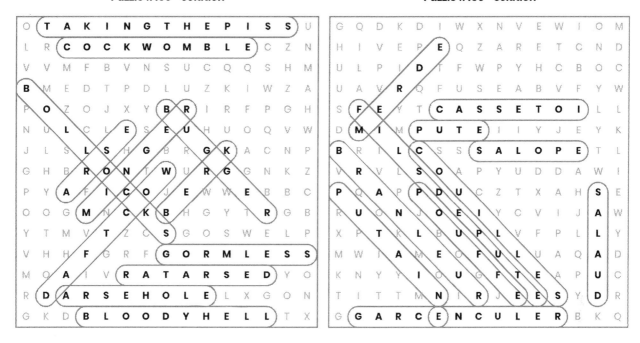

69108350R00074